中华人民共和国
国旗法、国歌法、国徽法
公民学习读本

张海阳　主编

法律出版社
LAW PRESS·CHINA

图书在版编目(CIP)数据

中华人民共和国国旗法、国歌法、国徽法公民学习读本／张海阳主编. -- 北京：法律出版社，2018
ISBN 978-7-5197-1398-0

Ⅰ. ①中… Ⅱ. ①张… Ⅲ. ①国旗－法律－中国－学习参考资料②国歌－法律－中国－学习参考资料③国徽－法律－中国－学习参考资料 Ⅳ. ①D922.104

中国版本图书馆 CIP 数据核字(2017)第 222649 号

中华人民共和国国旗法、国歌法、国徽法公民学习读本
ZHONGHUA RENMIN GONGHEGUO GUOQIFA、GUOGEFA、GUOHUIFA GONGMIN XUEXI DUBEN

张海阳 主编

责任编辑 陶玉霞 王 曦
装帧设计 李 瞻

出版 法律出版社
总发行 中国法律图书有限公司
经销 新华书店
印刷 三河市龙大印装有限公司
责任印制 吕亚莉

编辑统筹 法规出版分社
开本 A5
印张 7.25
字数 160 千
版本 2018 年 2 月第 1 版
印次 2018 年 2 月第 1 次印刷

法律出版社／北京市丰台区莲花池西里 7 号(100073)
网址／www.lawpress.com.cn
投稿邮箱／info@lawpress.com.cn
举报维权邮箱／jbwq@lawpress.com.cn
销售热线／010-63939792
咨询电话／010-63939796

中国法律图书有限公司／北京市丰台区莲花池西里 7 号(100073)
全国各地中法图分、子公司销售电话：
统一销售客服／400-660-6393
第一法律书店／010-63939781/9782 西安分公司／029-85330678 重庆分公司／023-67453036
上海分公司／021-62071639/1636 深圳分公司／0755-83072995

书号:ISBN 978-7-5197-1398-0 **定价**:28.00 元

前　言

2017年9月1日，第十二届全国人大常委会第二十九次会议通过了《中华人民共和国国歌法》（以下简称《国歌法》），对于国歌的性质和地位、国歌奏唱的场合、国歌奏唱礼仪、国歌宣传教育、国歌标准演奏曲谱和官方录音版本、国歌监督管理、不得使用国歌的情形、法律责任等作了全面系统的规范。《国歌法》的出台，对于保证宪法的有效实施，增强国歌奏唱的严肃性和规范性，维护国家尊严，提升公民的国家观念和爱国意识，培育和践行社会主义核心价值观，弘扬以爱国主义为核心的伟大民族精神，激励全国各族人民为实现中华民族伟大复兴的中国梦而共同奋斗，都具有重大意义。

为了以国歌法通过为契机，深入宣传、学习和贯彻国旗法、国徽法和国歌法，让公民更加全面深入了解国家标志相关法律的相关内容，我们组织具体参与国歌法起草和长期从事与国家标志立法相关实务工作的专家，编写了这本《中华人民共和国国旗法、国歌法、国徽法公民学习读本》，对组成国家标志法律制度的三部法律相关问题进行解读。本书依据1990年和1991年全国人大常委会分别通过的《中华人民共和国国旗法》（以下简称《国旗法》）和《中华人民共和国国徽法》（以下简称《国徽法》）以及2017年通过的《国歌法》将解读分为国旗法读本、国徽法读本、国歌法读本三个部分。本书着重于解读作为中华人民共和国公民应知应会的三法主要内容，既有国旗、国歌、国徽基本知识的简要阐述，也有《国旗法》《国歌法》《国徽法》重要条款的解读与延伸。

我国的国旗五星红旗旗面的红色象征革命，旗上的五颗五角星及其相互关系象征共产党领导下的革命人民大团结。国徽中的天安门、齿轮和谷穗、五个五角星等图案，象征中国人民自“五四”运动以来的新民主主义革命斗争和工人阶级领导的、以工农联盟为基础的人民民主专政的新中国的诞生。我国的国歌《义勇军进行曲》是20世纪30年代中期电影《风云儿女》的主题曲，由田汉作词、聂耳作曲，它凝结着中国共产党领导中国各族人民为争取民族独立、人民解放和实现国家富强、人民富裕不屈不挠、英勇奋斗的精神，凝聚着各族人民实现中华民族伟大复兴的梦想。《宪法》第一百三十六条、第一百三十七条规定，中华人民共和国国旗是五星红旗，国歌是《义勇军进行曲》，国徽中间是五星照耀下的天安门，周围是谷穗和齿轮。《国旗法》、《国歌法》和《国徽法》分别明确了国旗、国歌和国徽是国家的象征和标志，这对于维护国旗、国歌和国徽尊严，规范国旗、国歌和国徽使用等起到了重要作用。

本书对《国旗法》《国歌法》《国徽法》的解读，全面阐释了国旗、国歌、国徽的诞生、法定化和使用等多方面的内容，既深刻体现了社会主义核心价值观，也展示了近代以来中华儿女不畏艰险、奋勇向前，维护国家统一、民族团结的精神气节。本书关于《国旗法》《国歌法》《国徽法》阐释内容全面，通俗易懂、深入浅出，相信会对每个中华人民共和国的公民全面深入地了解《国旗法》《国歌法》《国徽法》提供帮助。

参加本书编写工作的有：武增、王曙光、陈国刚、谭喻、王正斌、张晶、郑全红、王历磊、黄宇菲、梁菲、田林、陈亦超、董立新等同志。

全书完稿后，由武增同志统一审改；最后由张海阳同志审改定稿。由于水平有限，书中难免有不足之处，恳请读者批评指正。

在本书即将付梓之际，我们要向曾经参与过《国旗法》《国徽法》立法工作的历任相关领导和同志们表示衷心的感谢！

编　者

2018 年 1 月

目　录

第一部分　《中华人民共和国国旗法》读本

第五部分 立法背景文件

第一部分

《中华人民共和国国旗法》读本

第一章　国旗基础知识

1　什么是国旗?

答:国旗是国家的一种标志性旗帜,是国家的象征,它通过一定的样式、色彩和图案反映一个国家政治特色和历史文化传统。国旗是一个国家的主权意识不断增强后必然的产物,最初的国旗产生于近代欧洲。中世纪的欧洲各国统治阶层将“纹章”作为家族的象征,后来纹章的缎带颜色与徽章图案就发展成为国旗。世界上最古老的国旗系丹麦国旗,被称为“丹麦人的力量”。旗地为红色,旗面上有白色十字形图案,稍偏左侧。

国旗是国家的象征和标志,是国家的历史传统和民族精神的体现。每个国家都有着和其他国家相区别的国旗。在世界各国国旗的颜色中,红色、黄色、蓝色、绿色、黑色和白色使用较多,在国旗图案中,用得较多的则是太阳、月亮和星星。国旗的图案、色彩、象征意义和使用方法一般都由宪法或者法律专门规定。例如,1982 年 4 月瑞典议会通过了《瑞典国旗法》;1981 年新西兰议会通过了《旗帜、徽章及名称保护法》,该法确立了现行新西兰国旗的法律地位,将国旗置于法律的保护之下。总之各国都把维护国旗的尊严与法律规定紧密联系在一起,增强人们使用国旗的法律意识。

2 我国的国旗是什么?

答:我国的国旗为五星红旗,是在1949年9月召开的中国人民政治协商会议第一届全体会议上正式确定的。当时表述为“红地五星旗”。1949年7月,中国人民政治协商会议筹备会负责拟定国旗图案(包括国徽图案、国歌词曲)的第六小组,以筹备会名义公开征求国旗图案。随后在不到1个月的时间里,政协筹备会就收到了应征的国旗图案3012幅。经评选委员会反复比较,最后选定五星红旗图案。同年9月27日,中国人民政治协商会议第一届全体会议经过投票,通过了《关于中华人民共和国的国都、纪年、国歌、国旗的决议》,其中第四项规定:中华人民共和国的国旗为红地五星旗,象征中国革命人民大团结。

根据1949年9月28日中国人民政治协商会议第一届全体会议主席团公布的《国旗制法说明》,“国旗的形状、颜色两面相同,旗上五星两面相对”。以旗杆在左的一面为例,国旗的具体颜色与图案是旗面为红色,长方形,其长与高为三与二之比,旗面左上方缀黄色五角星五颗。一星较大,其外接圆直径为旗高十分之三,居左;四星较小,其外接圆直径为旗高十分之一,环拱于大星之右。旗杆套为白色。四颗小五角星均各有一个角尖正对大五角星的中心点。

1949年11月15日《人民日报》以“新华社答读者问”的形式,说明了国旗旗面的颜色及图案的含义。国旗旗面的红色象征革命。旗上的五颗五角星及其相互关系象征共产党领导下的革命人民大团结。星用黄色是为了在红地上显出光明,黄色较白色明亮美丽,四颗小五角星各有一角尖正对着大星的中心点,这是表示围绕着一个中心而团结,在形式上也显得紧凑美观。国旗的旗杆套用白色是为了与旗面的红色相区别。旗面的长和高是固定的三与二之比，而旗杆套的宽窄却是根据需要来决定的，为了避免影响旗面的式样，必须使旗杆套的颜色区别于旗面的颜色。

1990 年 2 月，第七届全国人大常委会第十二次会议初次审议的《国旗法（草案）》第二条直接规定了国旗的标准制作方法，即“中华人民共和国国旗是五星红旗。旗面为红色，长方形，长度和高度的比例是三比二。五颗星是黄色五角星，位于旗面左上方，其中左侧一颗大星的外接园直径为旗高的十分之三，环拱于大星右侧的四颗小星的外接园直径为旗高的十分之一，四颗小星都有一角正对大星的中心（以旗杆在旗面左边为标准，旗杆在旗面右边则相反）”。同年 6 月，常委会第十四次会议对《国旗法》进行了三次审议，法律委员会提出的审议结果报告指出，中华人民共和国国旗是 1949 年 9 月中国人民政治协商会议第一届全体会议通过的，会议主席团同时公布的《国旗制法说明》是国旗的法定制法，现在国旗仍应按照这个说明制作，《国旗法》可以不再具体规定。因此，建议修改为：“中华人民共和国国旗按照中国人民政治协商会议第一届全体会议主席团公布的国旗制法说明制作”，并建议将第一届全国政协主席团公布的《国旗制法说明》在《国旗法》公布的同时重新公布。

全国人大常委会根据这一意见，对《国旗法》草案作了修改，将 1949 年 9 月 28 日中国人民政治协商会议第一届全体会议主席团公布的《国旗制法说明》作为法律的附件。《国旗制法说明》对国旗的形状、颜色、五星的位置、通用尺度等均作出了详细规定，并附有《国旗制法图案》。

3 我国国旗产生和确定的过程是怎样的?

答:1949 年 6 月,在中国共产党领导下的新政治协商会议筹备会第一次会议在北京召开,拟定新中国的国旗、国徽、国歌是此次会议的重要任务之一。筹备会常务委员会下设六个小组,其中第六小组负责拟定国旗、国徽及国歌方案,组长由中国民主促进会负责人马叙伦担任,北平市军事管制委员会主任叶剑英任副组长,后又增加沈雁冰(茅盾)为副组长,主持日常工作。第六小组成员有:张奚若、田汉、马寅初、郑振铎、郭沫若、翦伯赞、钱三强、蔡畅、李立三、张澜、陈嘉庚、欧阳予倩、廖承志等。7 月 4 日下午,第六小组在中南海勤政殿举行第一次全体会议,推选叶剑英、廖承志、李立三、郑振铎、张奚若、蔡畅、田汉、翦伯赞等人组成国旗国徽初选委员会,叶剑英为召集人。会后,郭沫若、沈雁冰、郑振铎草拟《征求国旗国徽图案及国歌辞谱启事(草案)》,经周恩来审改,并呈送毛泽东、朱德、李济深、张澜、林伯渠等新政协筹备会常委征求意见。7 月 14 日,征集启事开始连续在《人民日报》等各大报纸刊登,并规定 8 月 20 日为征求截止日期。关于国旗方案的设计要求:(甲)中国特征(如地理、民族、历史、文化等);(乙)政权特征(工人阶级领导的以工农联盟为基础的人民民主专政);(丙)为长方形,长宽三与二之比,以庄严简洁为主;(丁)形式色彩以红色为主,可用其他配色。8 月 5 日,第六小组第二次全体会议对半个月来收到的 459 件国旗稿件进行了初审,同时决定聘请徐悲鸿、梁思成、艾青为国旗国徽图案初审委员会专家顾问。

启事刊登后反响强烈,在一个月内,共征集到国旗设计稿 1920 件,图案 2992 幅。应征者涉及各个阶层、职业,男女老幼都有。应征稿件大体分为四类:第一类,为镰锤交叉并加上五星,此类的变形有多种多样。第二类，为嘉禾、齿轮并加五角星，或者不加星的。此类亦有多种变体。第三类，以两色或者三色的横条或竖条组成旗的本身，而在左上角或在中央置镰锤或五角星或嘉禾齿轮。第四类，旗面三分之二为红色，三分之一为白、蓝、黄各色，而加以红色或黄色的五角星。此类的变形亦不少。有的变体为红色旗面再加黄色长条一道或两道，而五角星的位置亦各有不同。第六小组经对大量来稿进行审阅之后，认为第一类为镰锤交叉并加上五星的，无论其形式怎样变换，总有模仿苏联国旗的感觉。至于拟用中国式镰锤或者其他农具以代替镰刀锤子的图案，则因布置困难，形式上既不美观，而模仿的意义仍然存在。第二类用嘉禾、齿轮，在形式上很难配合得当，所以亦难达到美观，且图画复杂，与“简洁”的要求不符。第三类图案，实际上一半模仿美国国旗，另一半模仿苏联国旗，其构思设计，都不足取。第四类的优点是简洁。在这一类中，红色旗面三分之一处加黄色长条而以五角星位于左上角，这一形式较之其他各种图案似乎更好一些。这是因为红色象征革命，五角星象征共产党领导的政权，黄色长条则可以代表中华民族发祥地——黄河。

8 月 22 日，国旗国徽初选委员会召开第一次会议，初步选定了国旗图案 16 幅。8 月 24 日，第六小组第三次全体会议对初步选定的国旗图案进一步进行讨论审议，将进入复选的 17 幅编号。8 月 26 日，马叙伦在新政协筹备会常务委员会第四次会议上汇报了国旗、国徽、国歌拟定的进展情况。9 月 14 日，第六小组第四次全体会议决定，把来稿中较好的国旗图案印成小册子，由第六小组组员召集新政协全体代表，分组商讨。9 月 17 日，新政协筹备会第二次全体会议通过决议，将国旗、国徽、国歌的制定工作移交中国人民政治协商会议第一届全体会议，并由第六小组向全体会议主席团提出报告。第六小组从国旗应征稿件中选出共 38 幅编印成《国旗图案参考资料》,分别以“复字第1号”至“复字第38号”顺序编号,提交全体会议代表审阅。其中,将由曾联松设计的“复字第32号”大五星图案中的镰刀锤子图案去掉。第六小组在9月21日给主席团的报告中对38幅设计稿进行了分类评价。9月22日,第六小组第五次全体会议建议在23日邀请全体代表讨论国旗问题。9月23日,政协会议代表分成11个小组对国旗图案进行广泛的讨论,当晚第六小组即召开第六次全体会议,对讨论的结果进行了总结。

9月25日晚,毛泽东、周恩来同志在中南海丰泽园主持座谈会,邀请郭沫若、沈雁冰、黄炎培、陈嘉庚、张奚若、马叙伦、田汉、徐悲鸿、李立三、洪深、艾青、马寅初、梁思成、马思聪、吕骥、贺绿汀等参加,听取关于国旗、国徽、国歌、纪年、国都问题的意见。会议伊始,毛泽东同志开门见山地指出:过去我们脑子老想在国旗上画上中国特色,因此画上一条,以代表黄河,其实许多国家国旗也不一定有什么该国家特点。毛泽东认为五星红旗图案代表了革命人民的大团结。并说:“现在要大团结,将来也要大团结。因此,现在也好,将来也好,又是团结又是革命。”其他与会者在发言中纷纷赞同毛泽东的分析和选择,热烈鼓掌表示完全赞同。9月26日,国旗国徽国歌国都纪年审查委员会召开第一次会议,绝大多数代表都同意以“复字第32号”图案为国旗,并对说明进行了修改,指出“红色象征革命,星象征中国革命人民大团结”。同日,审查委员会将本次会议的决议内容报告给政协会议主席团。

9月27日,马叙伦代表国旗国徽国歌国都纪年审查委员会向中国人民政治协商会议第一届全体会议作了工作报告。在周恩来的主持下,大会讨论通过了《关于中华人民共和国国都、纪年、国歌、国旗的决议》,其中第四项明确:“全体一致通过:中华人民共和国的国旗为红地五星旗,象征中国革命人民大团结。”9月28日,中国人民政治协商会议第一届全体会议主席团公布《国旗制法说明》,9 月 29 日,《人民日报》刊登国旗图案、《国旗制法说明》。9 月 30 日,中国人民政治协商会议第一届全体会议胜利闭幕。10 月 1 日,中华人民共和国举行开国大典,在代国歌《义勇军进行曲》声中,毛泽东亲自升起第一面五星红旗。

1954 年 9 月 20 日,第一届全国人大第一次会议通过《中华人民共和国宪法》,其中第四章规定了国旗、国徽、首都,第一百零四条规定:中华人民共和国国旗是五星红旗。1954 年《宪法》正式以“五星红旗”表述国旗,赋予了国旗以宪法地位。之后的 1975 年、1978 年、1982 年《宪法》都作了同样的规定。根据现行《宪法》的规定,《国旗法》第二条第一款规定,中华人民共和国国旗是五星红旗。

4　为什么制定《国旗法》?

答:我国历次《宪法》对国旗都有专门规定,但对国旗的悬挂或使用,国旗图案的具体布局等事项,一直没有具体的法律规定。实践中,国旗的使用比较混乱,国旗的制作也不统一。为了维护国家的主权和尊严,增强公民的国家观念和爱国意识,加强爱国主义教育,制定一部专门的国旗法,完善国旗方面的法律规定,是非常必要的。为此,1990 年 6 月 28 日,第七届全国人民代表大会常务委员会第十四次会议审议通过了《中华人民共和国国旗法》,这是新中国成立以来我国颁布的第一部国旗法。

《国旗法》的立法目的,就是维护国旗的尊严,增强公民的国家观念,发扬爱国主义精神,振奋中华民族的自信心和自豪感,《国旗法》的立法根据是我国《宪法》。《宪法》第一百三十六条规定,中华人民共和国国旗是五星红旗。《国旗法》以《宪法》为依据,对升挂国旗的机构、场所和升挂国旗的方式作了一系列具体规定。它的制定和实施,对于维护国旗的尊严,增强公民的国家观念,发扬爱国主义精神,对于促进我国社会主义民主和法制建设,具有十分重要的意义。

第二章　国旗升挂场合

5　哪些地方应当每日升挂国旗？

答：根据《国旗法》第五条、第六条的规定，应当升挂国旗的场所，根据其重要性和显著性不同，分为三类：应当每日升挂国旗的；应当在工作日升挂国旗的；除节假日外应当每日升挂国旗的。《国旗法》第五条规定的四类场所，是应当每日升挂国旗的，是要求最为严格的。第五条规定，下列场所或者机构所在地，应当每日升挂国旗：(1)北京天安门广场、新华门；(2)全国人民代表大会常务委员会，国务院，中央军事委员会，最高人民法院，最高人民检察院；中国人民政治协商会议全国委员会；(3)外交部；(4)出境入境的机场、港口、火车站和其他边境口岸，边防海防哨所。根据《国旗法》第六条的规定，全日制学校，除寒假、暑假和星期日外，应当每日升挂国旗。这体现了在青少年中进行国旗教育，教育他们从小尊重和爱护国旗，增强国家观念，维护国家的尊严。

6　哪些单位应当在工作日升挂国旗？

答：《国旗法》第六条规定，国务院各部门，地方各级人民代表大会常务委员会、人民政府、人民法院、人民检察院，中国人民政治协商会议地方各级委员会，应当在工作日升挂国旗。

全日制学校，除寒假、暑假和星期日外，应当每日升挂国旗。

国务院各部门，地方各级人民代表大会常务委员会、人民政府、人民法院、人民检察院，都是经法律或者国家最高权力机关的授权行使各种国家权力的机关；中国人民政治协商会议地方各级委员会是地方统一战线的组织形式。根据《国旗法》第六条规定，上述机构应当在工作日升挂国旗。

7 天安门升旗仪式有什么特别之处？

答：最为庄重和隆重的天安门广场升旗仪式最特别之处在于国旗在早晨升起，傍晚降下。关于天安门升降国旗时间，新中国成立初期，对国旗升降仪式及时间并无严格规范。1982 年 12 月 28 日，中国人民武警部队成立，由武警部队取代北京卫戍区官兵执行护卫国旗任务，并很快组建国旗班。为表现祖国与日月同辉之意，每天让国旗与太阳同升同降。

自 2018 年 1 月 1 日起，开始由中国人民解放军三军仪仗队执行升旗任务。每月第一天升国旗按 126 人编队方案实施，其中护旗队员 96 人、礼兵 30 人，分别着 14 式陆海空军礼服。护旗队由前至后依次为国旗组 3 人、陆海空军分队长 3 人、陆海空军队员 90 人。队员 90 人编为 6 路 15 列行进队形，分准备、迎旗、护旗、升旗和返回 5 个步骤，全程 10 分钟。重大节日升国旗仪式，一般参照每月第一天升国旗方案执行，特殊情况根据任务需要增加编队人数、鸣放礼炮。平日升国旗由 66 人编成，国旗组 3 人，分队长 3 人，队员 60 人编为 4 路 15 列，分护旗、升旗和返回 3 个步骤，全程 8 分钟。从护旗队行进至国旗杆基座位置，到国旗升至旗杆顶端的时长保持2分7秒。国歌平时播放一遍，每月第一天由解放军军乐团现场演奏一遍，升旗时长为46秒。早晨，当太阳的上部边缘与天安门广场所见地平线相平时，为升旗时间；傍晚，当太阳下落到地平线相平时为降旗时间，每日有所不同。天安门广场旗杆高32.6米，位于长安街南，广场北部中轴线上，与天安门城楼隔长安街相呼应。

8　为什么一到春节、国庆节等节日，小区里就挂上了国旗？

答：《国旗法》第七条第一款规定，国庆节、国际劳动节、元旦和春节，各级国家机关和各人民团体应当升挂国旗；企业事业组织，村民委员会、居民委员会，城镇居民院（楼）以及广场、公园等公共活动场所，有条件的可以升挂国旗。广场、公园等公共活动场所或者企业事业组织等办公场所、城镇居民院（楼）等，是人民群众比较集中，又经常出入的场所，在这些地点升挂国旗，有利于培育人民群众的爱国主义情感。考虑到我国各地经济文化等方面发展得不太均衡，《国旗法》对此未作硬性要求，仅要求有条件的可以升挂国旗。《爱国主义教育实施纲要》（中发〔1994〕7号）明确要求：进行爱国主义教育，需要提倡必要的礼仪，特别要提倡有助于培养对国旗、国歌、国徽崇敬感的必要礼仪，增强人们的爱国主义情感。国旗是国家的象征和标志，任何组织和公民都要遵守《国旗法》。凡属《国旗法》规定应当升挂国旗的单位和场所，必须依法严格执行升旗制度。凡属《国旗法》规定可以升挂国旗的单位和场所，要积极创造条件，升挂国旗。

9 居住在民族自治州的少数民族，其本民族的传统节日需要悬挂国旗吗？

答：《国旗法》第七条第一款规定，春节，各级国家机关和各人民团体应当升挂国旗。考虑到有的少数民族地区不以春节为传统节日，草案曾规定"不以春节为传统节日的少数民族地区，春节可以不升挂国旗"。在常委会审议《国旗法》过程中，根据有些委员和民族委员会的意见，对上述规定作了修改，规定"不以春节为传统节日的少数民族地区，春节是否升挂国旗，由民族自治地方的自治机关规定"。

《国旗法》制定时，在审议和听取意见的过程中，有的委员和民族自治地方提出，应当规定自治区、自治州、自治县成立纪念日和传统民族节日，当地可以升挂国旗。该意见得到了采纳。《国旗法》第七条增加一款规定："民族自治地方在民族自治地方成立纪念日和主要传统民族节日，可以升挂国旗。"

目前我国有 100 多个自治县、自治州的自治条例规定了自治县、自治州的成立纪念日。其中有些自治县、自治州的自治条例中还规定了民族传统节日，如篝火节、盘王节、火把节等。民族自治地方在民族自治地方成立纪念日和主要传统民族节日，可以升挂国旗。

10 北京马上要召开冬奥会了，举行开幕式时需要升挂国旗吗？

答：北京马上要召开冬奥会了，举行开幕式时可以升挂国旗。《国旗法》第八条规定，举行重大庆祝、纪念活动，大型文化、体育活动，大型展览会，可以升挂国旗。除《国旗法》第五条至第七条对各种应当升挂国旗的场合和情形作了规定外，《国旗法》第八条还对可以升挂国旗的场合作了规定，主要包括以下三类情况：

一是举行重大庆祝、纪念活动。1949 年中央政府委员会起草的《国旗制造及悬挂办法（草案）》中，就曾经明确规定国际性的集会、公众集会等应当悬挂国旗。1984 年中央宣传部制定的《关于中华人民共和国国旗升挂的暂行办法》（中宣通〔1984〕20 号）进一步明确，纪念性、庆祝性公共集会可以升挂国旗。《国旗法》第八条中规定的“重大”，在实践中可以根据实际情况做不同理解，包括活动规格重大，如 2001 年 7 月 13 日党和国家领导人参加在中华世纪坛的北京申奥成功庆祝活动，2014 年 9 月 3 日，在中国人民抗日战争纪念馆举行中国人民抗日战争暨世界反法西斯战争胜利 69 周年纪念日向抗战烈士敬献花篮仪式等，都在现场升挂国旗；也包括虽然是一些基层单位组织的活动，但是庆祝和纪念的事项本身重大，如国庆节庆祝活动、国家公祭活动等。需要注意的是，《国旗法》第八条对于举行重大庆祝、纪念活动的主体没有加以限制，但是结合《国歌法》的相关规定，如果是商业性较强的一些庆祝活动，不宜在现场升挂国旗。

二是大型文化、体育活动。这一类规定的范围比较广泛，包括群众性的文化体育活动，如在公园、风景游览区、游乐园、广场、体育场（馆）、展览馆、俱乐部、公共道路、居民生活区等公共场所举办的演唱会、音乐会等文艺活动，游园、灯会、花会、龙舟会等民间传统活动，体育比赛、民间竞技、健身气功等群众性体育活动和其他群众性文化体育活动。此外也包括一些专业的竞技体育比赛，如全国综合性运动会、全国单项体育竞赛、地方综合性运动会和地方单项体育竞赛等。在日常行政管理过程中，为了社会秩序、公共安全和社会稳定,一些地方性法规或者地方政府规章对大型活动作了界定,并要求其履行一定的报批手续,如《北京市大型社会活动安全管理条例》规定对单场次参加人数一千以上的大型活动实行安全许可。但是在《国旗法》第八条中的“大型”需要做比较宽泛的理解,虽然一些群体性活动可能达不到实行安全许可的规模,但是为了表达爱国情感,也可以升挂国旗。

三是大型展览会。展览会通常是指举办单位(包括主办单位和承办单位)以招展方式在固定的场馆及预定时期内举办,通过物品、技术或者服务的展示,进行信息交流,促进科技、贸易发展的商业性活动。展览会虽然通常都属于商业活动,但是一般大型展览会通常有各国参展方参加,为突出中国作为主办方的地位,也可以悬挂国旗,如在广州举行的中国进出口商品交易会(广交会),在展馆外悬挂国旗。需要注意的是,在大型展览会如果需要同时悬挂国旗与其他国家国旗或者其他旗帜,需要遵守《国旗法》第十五条关于国旗悬挂的规定。

11 外事活动中使用国旗有什么规定吗?

答:鉴于外交活动以及国家驻外使馆领馆和其他外交代表机构升挂、使用国旗有其特殊性,《国旗法》授权外交部规定涉外升挂和使用国旗的办法。《国旗法》于 1990 年 6 月 28 日第七届全国人民代表大会常务委员会第十四次会议审议通过,1990 年 10 月 1 日施行。外交部于 1991 年 4 月 15 日制定了《中华人民共和国外交部关于涉外升挂和使用国旗的规定》,确定涉外升挂和使用国旗的范围和办法,印发各省、自治区、直辖市人民政府,国务院各部委、各直属机构,要求遵照执行。该规定既对悬挂国旗的一般要求作了规定,也对涉外活动具体的场合和情形下怎样升挂、使用国旗作了具体规定。

按照外交部关于涉外升挂和使用国旗的规定，悬挂国旗一般应以旗的正面面向观众，不得随意交叉悬挂或竖挂，更不得倒挂。有必要竖挂或者使用国旗反面时，必须按照有关国家的规定办理。涉外活动中升挂、使用国旗的具体要求主要有以下几种：

一、关于外国贵宾的活动

（1）国家元首、副元首；政府首脑、副首脑；议长、副议长；外交部长和国防部长、总司令或总参谋长；率领政府代表团的正部长；国家元首或政府首脑派遣的特使；上述外国贵宾以本人所担任公职的身份单独或率领代表团来华进行正式访问时应当升挂国旗。接待上述外国贵宾时，在重大礼仪活动场所，如正式会谈、签字仪式等，可以悬挂中国国旗和来访国国旗。可以在贵宾的住地升挂来访国国旗，在贵宾乘坐的交通工具上悬挂中国国旗和来访国国旗。（2）接待外国国家元首（含副元首）和政府首脑时，在重大礼仪活动场所，如欢迎仪式、欢迎宴会、正式会谈、签字仪式等，升挂中国国旗和来访国国旗。（3）接待外国政府副首脑时，在重大礼仪活动场所，如正式会谈、签字仪式等，升挂中国国旗和来访国国旗。（4）外国国家元首如有特制元首旗，可按对方意愿和习惯做法，在其座车和下榻的宾馆升挂元首旗。

二、重要国际活动场所

重要的国际活动场所可以升挂和使用国旗的情形有：（1）国际条约和重要协定的签字仪式可以悬挂中国国旗和有关签约国国旗；（2）国际会议、文化、体育活动，展览会，博览会等，可以升挂中国国旗和有关国家的国旗；（3）外国政府经援项目以及大型中外合资经营企业、中外合作经营企业、外资企业（以下简称外商投资企业)的奠基、开业、落成典礼以及重大庆祝活动可以同时升挂中国国旗和有关国国旗;(4)民间团体在双边和多边交往中举行重大庆祝活动时,可以同时升挂中国国旗和有关国国旗。

三、关于驻我国的外国机构及在我国境内的公民

(1)外国驻中国使、领馆和其他外交代表机构可以按照《中华人民共和国外交特权与豁免条例》和《中华人民共和国领事特权与豁免条例》升挂派遣国国旗。(2)其他外国常驻中国的机构、外商投资企业,凡平日在室外或公共场所升挂本国国旗者,必须同时升挂中国国旗。(3)外国公民在中国境内平日不得在室外和公共场所升挂国籍国国旗。遇其国籍国国庆日,可以在室外或公共场所悬挂其国籍国国旗,但必须同时悬挂中国国旗。(4)遇中国由国家成立的治丧机构或国务院决定全国下半旗志哀日,外国常驻中国的机构和外国投资企业,凡当日挂旗者,应该降半旗。(5)外国驻华机构、外商投资企业、外国公民在同时升挂中国和外国国旗时,必须将中国国旗置于上首或中心位置。外商投资企业同时升挂中国国旗和企业旗时,必须把中国国旗置于中心、较高或者突出的位置。

四、出国参加各种国际活动

中国国家领导人和各种代表团出国访问,根据东道国的规定和习惯做法升挂中国和东道国国旗。出国参加各种国际会议、文化体育活动,展览会,博览会等,可以按东道国或有关主办单位的规定和习惯做法悬挂中国国旗。

五、驻外外交机构

(1)中国派驻外国的外交代表机关和领事机关,按照《维也纳外交关系公约》和《维也纳领事关系公约》可以在馆舍和馆长官邸升挂中国国旗。各馆可以根据当地习惯每日或在重大节庆日(中国国庆日、国际劳动节、元旦、春节和驻在国国庆日)升挂中国国旗。

(2)新开馆或闭馆时应该举行升旗或降旗仪式。(3)在馆舍以外开设的办公处不升挂中国国旗。(4)外交代表机关的馆长乘用的交通工具可以悬挂中国国旗,领馆馆长在执行公务时乘用的交通工具可以悬挂中国国旗。(5)中国派驻外国的外交代表机关和领事机关的馆长举行国庆招待会、建交庆祝活动和为中国领导人访问举行的重大活动时,可以在活动场所悬挂中国国旗和驻在国国旗。(6)中国常驻各国际组织的代表团或代表处可按照以上办法升挂中国国旗。(7)中国派驻外国的外交代表机关和领事机关降半旗的情况:中华人民共和国主席、全国人民代表大会常务委员会委员长、国务院总理、中央军事委员会主席逝世;中国国内发生特别重大伤亡的不幸事件或者严重自然灾害造成重大伤亡,国务院决定降半旗;中国外交部通知降半旗。驻在国国家元首和政府首脑逝世,可以根据驻在国的规定降半旗;在驻在国因发生严重自然灾害造成重大伤亡决定降半旗志哀时,可以降半旗。其他驻外机构,凡平日挂旗者,参照上述规定降半旗。

12　军队使用国旗有什么规定吗?

答:鉴于军事机关、军队营区、军用舰船升挂国旗,有其特殊性,《国旗法》第十条规定,军事机关、军队营区、军用舰船按照中央军事委员会的有关规定升挂国旗。《国旗法》于 1990 年 6 月 28 日第七届全国人民代表大会常务委员会第十四次会议审议通过,1990 年 10 月 1 日起施行。为了维护和捍卫国旗的尊严,增强军人的国家观念,发扬爱国主义精神,依据《国旗法》的规定,结合军队的实际情况,中央军事委员会制定了《中国人民解放军升挂国旗规定》,自 1990 年 10 月 1 日起施行。其主要内容包括:

一、升挂国旗的单位和时间：中央军委机关各部门、国防部外事部门、各战区、各军兵种、军事科学院、国防大学、边防海防哨所、驻边境口岸的军队外事机构等应当每日升挂国旗。省军区、军分区和辖部队的军级以下机关，应当在工作日升挂国旗。军队院校除假期外，应当每日升挂国旗。其他军事机关、单位，军队家属区，军队企事业单位，应当在国庆节、建军节、国际劳动节、元旦、春节升挂国旗。军队机关、院校及其他军事单位，举行重大庆祝、纪念活动，大型文化、体育活动，大型展览会，可以升挂国旗。驻民族自治地区部队的师级以上机关，在民族自治地区规定升挂国旗的纪念日和主要传统节日，可以升挂国旗。

二、升挂国旗的地点：每日或工作日升挂国旗的军事机关、单位，应当选择显著地点竖立旗杆升挂国旗；逢国庆节、建军节、国际劳动节、元旦、春节升挂国旗的军事机关、单位，有条件的，也应当竖立旗杆升挂国旗；未竖立旗杆的，应当将国旗升挂于显著的位置。

三、军队升挂国旗的仪式，根据《中国人民解放军内务条令》的规定办理。2010 年 6 月，中央军事委员会制定的《中国人民解放军内务条令》第二十章对国旗、军旗、军徽的使用和国歌、军歌的奏唱作了专章规定。军人必须维护和捍卫国旗的尊严。举行升国旗仪式时，应当遵守下列规定：在升旗地点附近列队；国旗升起过程中，可以奏唱国歌；全体军人应当军容严整，面向国旗立正，在场的全体军人应当面向国旗立正，着军服的行举手礼，着便服的行注目礼。奏唱国歌时，应当自行立正；着军服参加外事活动，听到奏国歌时行举手礼。

团以上单位军政主官的办公室和承担外事任务的机关办公室，可以在显著位置插置国旗。插置的国旗，应当根据《国旗法》的规定，选择适当的尺度，旗杆垂直，旗面自然下垂。

四、升降国旗的方法按照《中国人民解放军队列条令》的规定执行。国旗由一名掌旗员掌持，两名护旗兵护旗，护旗兵位于掌旗员两侧。掌旗员和护旗兵应当具备良好的军政素质和魁梧匀称的体形。掌持国旗的姿势为扛旗。扛旗要领有：右手将旗扛于右肩，旗杆套稍高于肩，右臂伸直，右手掌心向下握旗杆，左手放下。听到“齐步——走”的口令，开始行进。国旗的升降要领有：升旗时，掌旗员将旗交给护旗兵，由两名护旗兵协力将国旗套（挂）在旗杆绳上并系紧，掌旗员将国旗抛展开的同时，由护旗兵协力将旗升至旗杆顶。降旗时，由护旗兵解开旗杆绳并将旗降下，掌旗员接扛于肩。下半旗时，先将国旗升至旗杆顶，然后徐徐降至旗顶与旗杆顶之间的距离为旗杆全长的三分之一处；降旗时，先将国旗升至旗杆顶，然后再降下。升、降国旗时，掌旗员应当面向国旗行举手礼。

第三章　关于升旗仪式和下半旗

13 什么是升旗仪式?

答:与日常升挂国旗不同,升旗仪式是专门为了升国旗举行的遵循一定程序和礼仪要求的特定典礼仪式。升旗仪式要求升旗手跟着国歌奏起时开始拉动旗绳,直至国歌奏毕,国旗要同一时间到达旗杆顶。在场人员要遵循相应的礼仪,在国歌声中注视国旗冉冉升起,在庄重的氛围中进行爱国主义教育,才能收到较好的效果。在升国旗时应注意,无论手头上有什么事情,都要对国旗行注目礼(少先队员行队礼,军人行军礼)。党的十一届三中全会后,在全国各地一些学校里,就开始建立升降国旗制度,到《国旗法》颁布前,中小学已经比较普遍地建立起升降国旗制度。在《国旗法》起草过程中,各方面普遍赞扬中小学的升降国旗制度,并认为在全国各部门、各行业中,中小学校是做得最好的,应当以法律形式将升旗仪式固定下来。

14 学校每天升挂国旗都要举行升旗仪式吗?

答:全日制学校,除寒假、暑假和星期日外,应当每日升挂国旗。

学校是教育培养青少年健康成长的地方。根据《国旗法》第六条第二款的规定,全日制学校,除寒假、暑假和星期日外,应当每日升挂国旗。这体现了在青少年中进行国旗教育,教育他们从小尊重和爱护国旗,增强国家观念,维护国家的尊严。《国旗法(草案)》曾规定,全日制各类学校应当每日升挂国旗。《国旗法》审议中,考虑到存在寒假、暑假等学校需要放假的问题,修改为全日制学校"除寒假、暑假和星期日外",应当每日升挂国旗。全日制学校包括全日制高校、高中、初中和小学。1990 年 8 月 24 日,当时的国家教委为了严格中小学升降国旗制度,使学生通过升降国旗这一具有教育意义的仪式受到深刻的爱国主义教育,发布了《关于施行〈中华人民共和国国旗法〉严格中小学升降国旗制度的通知》。1991 年 12 月 17 日,当时的国家教委办公厅就各级师范院校认真执行《国旗法》,严格升降国旗制度,发布了《关于施行〈中华人民共和国国旗法〉严格各级师范院校升降国旗制度的通知》。

《国旗法》第十三条第三款规定,全日制中学小学,除假期外,每周举行一次升旗仪式。全日制教育是学生全日在学校学习,或者大部分时间从事学习的一种教育制度。目前,我国只有《高等教育法》规定了高等教育采用全日制和非全日制教育形式。中学小学已经均为全日制学校。《国旗法》第十三条第三款要求每周举行一次升旗仪式,没有规定具体时间。原国家教委《关于施行〈中华人民共和国国旗法〉严格中小学升降国旗制度的通知》对此作了进一步明确,要求除了寒暑假和恶劣天气以外,每周星期一早晨举行升旗仪式。除了《国歌法》明确规定的要求外,1994 年《爱国主义教育实施纲要》(中发〔1994〕7 号)进一步规定,学校在开学典礼、毕业典礼、运动会等大型集体活动中提倡举行庄严、隆重的升旗仪式。

15 参加升旗仪式时我们需要遵守什么礼仪?

答:各国普遍的参加升旗仪式的礼仪都是面向国旗、行注目礼。但是也有一些国家规定了特殊的动作。例如,美国国旗法要求,在场人员除着制服者以外,其他人员面向国旗,将右手抚于左胸心脏部位,这一礼仪被称为效忠美国礼,外国人在美国参加升旗仪式,则没有这一要求,只需要肃立即可。我国《国旗法》规定的参加升旗仪式的人应当遵守的礼仪是面向国旗,同时肃立致敬。面向国旗是表示对国旗的尊重,肃立是指恭敬严肃地站立,升国旗仪式是非常神圣庄重的场合,不得嬉笑打闹、随意走动。致敬对于一般公众而言,就是行注目礼,要求身体直立,眼睛注视目标。对于军人和其他着制式服装的人员,以及少先队员,则有不同的致敬要求。例如,《中国人民解放军内务条令》规定,升国旗时,在场的全体军人应当面向国旗立正,着军服的行举手礼,着便服的行注目礼。奏唱国歌时,应当自行立正;着军服参加外事活动,听到奏国歌时行举手礼。原国家教委《关于施行〈中华人民共和国国旗法〉严格中小学升降国旗制度的通知》规定,升旗时少先队员行队礼。

16 我记得几年前我们政府机关门前的国旗下半旗了,这表示什么意思呢?

答:政府机关门前的国旗下半旗代表国家重要人士去世或者发生特别重大伤亡的不幸事件或者严重自然灾害造成重大伤亡的事件。下半旗为当今世界上通行的一种志哀方式,其具体做法根据《国旗法》第十六条第二款的规定,应当先将国旗升至杆顶,然后降至旗顶与杆顶之间的距离为旗杆全长的三分之一处。这种做法最早见于1612年,英国船“哈兹·伊斯”号在探索北美北部通向太平洋的水道时,船长不幸逝世。船员们为了表示对已故船长的敬意,将桅杆旗帜下降到离旗杆的顶端有一段距离的地方。到17世纪下半叶,这种志哀方式流传到大陆上,遂为各国所采用,至今已有近400年的历史。

《国旗法》第十四条规定:“下列人士逝世,下半旗志哀:(一)中华人民共和国主席、全国人民代表大会常务委员会委员长、国务院总理、中央军事委员会主席;(二)中国人民政治协商会议全国委员会主席;(三)对中华人民共和国作出杰出贡献的人;(四)对世界和平或者人类进步事业作出杰出贡献的人。发生特别重大伤亡的不幸事件或者严重自然灾害造成重大伤亡时,可以下半旗志哀。依照本条第一款(三)、(四)项和第二款的规定下半旗,由国务院决定。依照本条规定下半旗的日期和场所,由国家成立的治丧机构或者国务院决定。”

一、下半旗的情形

1984年中央宣传部《关于中华人民共和国国旗升挂的暂行办法》中曾对降半旗作了原则规定,规定“遇有重大丧事,由国家通告降半旗时,须先升至旗杆之顶,然后降落,降落后旗顶至杆顶的距离等于旗杆全长的三分之一”。在《国旗法》通过前,曾有过二十次下半旗志哀。《国旗法》对于下半旗的情形进一步作了具体规范,根据《国旗法》第十四条第一款和第二款规定,我国下半旗的情形分为两类:第一类是特定人士逝世后,下半旗志哀;第二类是发生重大伤亡的事件或者灾害时,下半旗志哀。

第一类情形又包括四类特定人士:(1)中华人民共和国主席、全国人民代表大会常务委员会委员长、国务院总理、中央军事委员会主席。(2)中国人民政治协商会议全国委员会主席。根据《中国人民政治协商会议章程》规定,中国人民政治协商会议全国委员会主席主持中国人民政治协商会议全国委员会常务委员会的工作。《国旗法》通过后,这种情况出现过一次,即1992年时任全国政协主席的李先念同志逝世。(3)对中华人民共和国作出杰出贡献的人。(4)对世界和平或者人类进步事业作出杰出贡献的人。在《国旗法》通过前,苏共中央总书记斯大林、越南国家主席胡志明、南斯拉夫总统铁托等逝世后,我国下半旗志哀就属于这种情况。《国旗法》通过后,朝鲜国家主席金日成和柬埔寨西哈努克亲王逝世后,适用这一项规定决定下半旗志哀。

第二类情形是发生特别重大伤亡的不幸事件或者严重自然灾害造成重大伤亡时,可以下半旗志哀。其中,发生特别重大伤亡的不幸事件,既包括事件发生后短时间内决定下半旗,如2010年香港旅行团在马尼拉被挟持事件、澳门南丫岛撞船事故等,也可以为了悼念遇难者每年特定时点下半旗,如2014年全国人大常委会通过《关于设立南京大屠杀死难者国家公祭日的决定》后,每年12月13日在特定场合举行下半旗仪式。自然灾害通常包括火灾、水灾、地震、台风等,如造成重大伤亡,也可以下半旗志哀。如2008年汶川地震、2010年玉树地震、2010年甘肃舟曲县特大泥石流等。

二、下半旗的决定机构和日期、场所

《国旗法》第十四条第一款第一项和第二项规定,中华人民共和国主席、全国人民代表大会常务委员会委员长、国务院总理、中央军事委员会主席、中国人民政治协商会议全国委员会主席逝世后下半旗,上述在任的领导人逝世下半旗属于法律直接规定的情形,不需要再由国务院决定下半旗。除此以外,对中华人民共和国作出杰出贡献的人、对世界和平或者人类进步事业作出杰出贡献的人逝世,以及发生特别重大伤亡的不幸事件或者严重自然灾害造成重大伤亡时下半旗,都需要由国务院决定。

不论是哪一种情形下半旗,都需要由国家成立的治丧机构或者国务院决定具体下半旗的日期和场所。由国家成立的治丧机构决定的情况主要适用于国家领导人去世,有的成立专门的治丧委员会,由治丧委员会向全党全军全国各族人民发布公告,公告一般明确“下半旗”。由国务院决定的情形相对更多,既包括由国务院直接发布公告,如2008年汶川大地震后,国务院决定2008年5月19日至21日为全国哀悼日,在此期间,全国和各驻外机构下半旗志哀;也包括有些情形由某个地方或者部门上报国务院后,由国务院批准,如2010年香港特别行政区为向菲律宾人质劫持事件中遇难的香港同胞志哀,是由香港特区政府接到国务院通知后发布公告。根据实践的不同情形,下半旗的时间既包括具体某一天,也可以包括一段时间,地点既有普遍下半旗的情况,如全国和各驻外机构都下半旗,也有某些特定场所下半旗的情况,如天安门、新华门、人民大会堂,又如2010年为向在海地地震中牺牲的八位中国维和警察志哀,公安部在1月19日至21日下半旗。

17 下半旗是直接将国旗降到一半的地方吗?

答:下半旗,也称“降半旗”,下半旗是一个国家行为,一般是在某些重要人士逝世或重大不幸事件、严重自然灾害发生时来表达全国人民的哀思和悼念。根据《国旗法》第十四条的规定,中华人民共和国主席、全国人民代表大会常务委员会委员长、国务院总理、中央军事委员会主席、中国人民政治协商会议全国委员会主席、对中华人民共和国作出杰出贡献的人、对世界和平或者人类进步事业作出杰出贡献的人逝世,下半旗志哀;发生特别重大伤亡的不幸事件或者严重自然灾害造成重大伤亡时,可以下半旗志哀。

根据《国旗法》第十六条规定,下半旗应当遵循的标准和程序是:首先,下半旗时,应当先将国旗升至杆顶,然后降至旗顶与杆顶之间的距离为旗杆全长的三分之一处。这里要注意两点:一是要先将国旗升至旗杆顶端,而不是直接升到旗杆中间;二是下半旗实际上并不是下到旗杆的一半,而是降至旗顶与杆顶之间的距离为旗杆全长的三分之一处。实践中,有的地方是直接把国旗升到旗杆一半的位置,并未先升至旗杆顶端,这其实并不符合《国旗法》第十六条的规定,并不规范。其次,降下时,应当先将国旗升至杆顶,然后再降下。不将国旗升到旗杆顶端而是在距旗杆顶端三分之一处直接降下的行为,也是不符合《国旗法》规定的。

第四章 关于升挂和使用国旗的要求

18 每天应该什么时候升国旗，什么时候降国旗呢？

答：在《国旗法》第五条、第六条、第七条规定的场合下升挂国旗的，应当早晨升起，傍晚降下。如遇到恶劣天气，不利于国旗升挂的，可以不升挂国旗。

早晨是指每日天明之际，从天将亮到八九点钟的一段时间。早晨为一天之始，往往被视为充满朝气的时刻，因此中国古语亦说"一日之计在于晨"。傍晚，指日落左右的时间，即日光至晚上的过渡时刻。日落不见而天色未黑，天色先黄后暗。由于冬夏时间差异，所以傍晚一般是指 18:00～20:00。各地关于升降国旗的具体时间只要在上述范围内即可。关于天安门升降国旗时间，新中国成立初期，对国旗升降仪式及时间并无严格规范。1982 年 12 月 28 日，中国人民武警部队成立，由武警部队执行护卫国旗任务（之前由北京卫戍区部队执行该任务），并很快组建国旗班。新的升旗仪式对时间要求非常严格，为表现祖国与日月同辉之意，每天让国旗与太阳同升同降。自 2018 年 1 月 1 日起，开始由中国人民解放军三军仪仗队执行升旗任务。目前，从护旗队行进至国旗杆基座位置，到国旗升至旗杆顶端的时长仍保持 2 分 7 秒，与太阳经过地平线的时长对应。

在实践中，各地对此略有不同。《国旗法》制定后，一些地方根据所处地理位置、工作情况针对行政单位、广场等特殊区域升挂国旗进行了规定。有的根据不同季节确定升降国旗的时间，如《南宁市广场升挂国旗管理办法》第八条规定：广场升挂国旗夏季时间，即每年 5 月 1 日至 11 月 30 日，为北京时间 7:00 升起，18:30 降下；冬季时间，即每年 12 月 1 日至次年 4 月 30 日，为北京时间7:30升起，18:30 降下。举行升挂国旗仪式开始时间夏季一般为北京时间 8:00，冬季一般为北京时间 8:30。《阜新市街心广场升挂国旗管理办法》第六条规定：每年 5 月 1 日至 10 月 31 日，为北京时间 6:30 升起，18:30 降下；11 月 1 日至次年 4 月 30 日，为北京时间 7:30 升起，17:30 降下。有的只规定升国旗的时间，如《呼和浩特市新华广场国旗升挂管理规定》第六条规定：国庆节、国际劳动节、元旦、春节及自治区成立纪念日均要按《中华人民共和国国旗法》的规定升挂国旗。具体时间为，夏季 7:00，冬季早 8:00，特殊情况另定。有的按照上下班时间确定升降国旗的时间，如《丽水市行政中心升降国旗管理办法》第三条规定：无特殊情况，在工作日应升降国旗，国旗应在上午上班前四十分钟升起，下午下班后三十分钟降下，双休日不升降国旗。

19 今天雨下得很大，政府机关大楼门前的国旗还需要升挂吗？

答：遇大雨等恶劣天气，政府机关大楼门前的国旗不需要升挂。《国旗法》第十二条第二款规定，依照本法规定应当升挂国旗的，遇有恶劣天气,可以不升挂。恶劣天气是气象学上所指的发生突然、移动迅速、剧烈、破坏力大的灾害性天气,根据中国国家气象局制定的《气象灾害预警信号发布与传播办法》关于气象灾害的相关标准,恶劣天气主要包括台风、暴雨、暴雪、大风、沙尘暴、高温、雷电、冰雹、大雾、霾等。其中,各种恶劣天气达到的标准如下:台风的标准是24小时内可能或者已经受热带气旋影响,沿海或者陆地平均风力达6级以上,或者阵风8级以上并可能持续。暴雨的标准是12小时内降雨量将达50毫米以上,或者已达50毫米以上且降雨可能持续。暴雪的标准是12小时内降雪量将达4毫米以上,或者已达4毫米以上且降雪持续,可能对交通或者农牧业有影响。大风的标准是24小时内可能受大风影响,平均风力可达6级以上,或者阵风7级以上;或者已经受大风影响,平均风力为6~7级,或者阵风7~8级并可能持续。沙尘暴的标准是12小时内可能出现沙尘暴天气(能见度小于1000米),或者已经出现沙尘暴天气并可能持续。雷电的标准是6小时内可能发生雷电活动,可能会造成雷电灾害事故。冰雹的标准是6小时内可能出现冰雹天气,并可能造成雹灾。大雾的标准是12小时内可能出现能见度小于500米的雾,或者已经出现能见度小于500米、大于等于200米的雾并将持续。霾的标准是12小时内可能出现能见度小于3000米的霾,或者已经出现能见度小于3000米的霾且可能持续。

在实践中,《国旗法》制定后,一些地方明确列明了恶劣天气具体种类。《温州市国旗升挂使用管理办法》《无锡市国旗管理暂行办法》规定,升挂国旗,应当早晨升起,傍晚降下。遇有雨雪、台风等恶劣天气,可以不升挂。《上海市升挂使用国旗管理办法》《本溪市升挂使用国旗管理办法》规定,遇到下列恶劣天气,可以不升挂:(1)风暴、台风;(2)雨天、雪天;(3)其他影响国旗正常升挂的恶劣天气。《丽水市行政中心升降国旗管理办法》第九条规定，国旗升挂日遇有恶劣天气（台风、10级以上大风、雷暴雨、风雪冰雹等）可以不升挂。当遇有不良天气，由市级机关事务管理局警卫处提出意见，经市级机关事务管理局主要领导同意，确定是否升挂国旗。

20 我家楼下新开的五星级宾馆，把国旗和其他旗帜并列悬挂，这样做对吗？

答：把国旗和其他旗帜并列悬挂，这样做不对。《国旗法》第三条规定，中华人民共和国国旗是中华人民共和国的象征和标志。因此，对于国旗升挂的位置，应当有一个基本原则，即显著、优先的位置。

一、升挂国旗的“显著”原则

《国旗法》第五条至第十一条规定了升挂国旗的场所和场合。但是，由于国旗是国家的象征与标志，国旗不是升挂在上述场所或场合随便一个什么地方就可以的。国旗应当升挂于一个显著的位置，一方面显示国旗作为国家象征和标志的崇高性，另一方面也便于人们辨识国旗，发挥国旗在宣示国家权力、宣示国家主权、激发人民群众爱国热情的作用。如在天安门广场升挂的国旗，旗杆高32.6米，位于长安街南，广场北部中轴线上，广场和长安街很开阔，国旗升挂后位置十分醒目。再如，全国人大常委会所在地的旗杆，位于大会堂南门楼顶的正中央，是此处最为显著的地方。可见，《国旗法》第十五条规定的“显著的位置”，对于院落而言，旗杆一般设于院落正中或中轴线位置；对于楼宇而言，旗杆一般设于楼宇顶部正中，或者楼宇正门上方中间位置；对于一些城镇居民院（楼）等不具备树立旗杆的地方，可以设于大门处显眼位置。

二、升挂国旗的“优先”原则

在许多升挂国旗的地方，国旗往往不是唯一存在的旗帜，如何处理好国旗与其他旗帜的地位和位置，是需要由法律规定和解决的问题。作为国家的一种标志，与其他旗帜同时出现时，国旗处于更优先、更高、更显著的位置，应当是一项基本原则。

第一种情形是列队举持国旗和其他旗帜行进。这种情形在很多情况下会出现。无论同时举持的是什么旗帜，国旗都应当处于其他旗帜之前。

第二种情形是国旗与其他旗帜同时升挂。这种情形在一些重大集会、机构组织所在地出现得很多。如在 2008 年北京奥运会的主会场国家体育场，就同时升挂中华人民共和国国旗和奥运会的五环旗，在一些场馆还同时升挂国旗、五环旗和北京奥运会会旗三面旗帜。再如，在一些中外合资公司的总部大楼前，同时升挂中国国旗、外资方所在国国旗和公司标志旗等。在这种情况下，根据《国旗法》第十五条的规定，应当将国旗置于中心、较高或者突出的位置。所谓“中心位置”，即在所有旗帜中位于中心，如有三面旗帜的，位于左起或者右起的第二面，有五面旗帜的，位于左起或者右起的第三面等。所谓“较高位置”，即如果升挂位置有高低区分的，中国国旗应当升挂于较高的位置。所谓“突出位置”，是一个需要灵活掌握的规定。有些场合，升挂旗帜的位置不一定有中心或者较高位置，或者虽然有数个升挂旗帜的位置，但中间位置不一定是显著突出的，如一些会议中心主楼前树立有十数根甚至数十根旗杆，中间旗杆就不是突出位置。这就需要综合判断出一个突出位置来升挂我国国旗。有一个基本原则，即在这个场合的绝大多数人，都认为是突出的位置，如进入主入口后第一根旗杆，或者广场主要活动区域人流最为密集的地方等。

21 我们单位举行共青团庆祝活动，国旗队需要同时举着国旗和共青团团旗入场，应该把哪个旗帜放在前面呢？

答：举行共青团庆祝活动，国旗队需要同时举着国旗和共青团团旗入场，国旗应在前面。《国旗法》第三条规定，中华人民共和国国旗是中华人民共和国的象征和标志。因此，对于国旗升挂的位置，应当有一个基本原则，即显著、优先的位置。在许多升挂国旗的地方，国旗往往不是唯一存在的旗帜，作为国家的一种标志，与其他旗帜同时出现时，国旗处于更优先、更高、更显著的位置，应当是一项基本原则。这种举持国旗和其他旗帜行进在很多情况下会出现，如同时举持国旗与军旗、国旗与公司旗等。无论同时举持的是什么旗帜，国旗都应当处于其他旗帜之前。因此，单位举行共青团庆祝活动，国旗队需要同时举着国旗和共青团团旗入场，国旗应在前面。

22 下班路上我见到有一个单位挂的国旗不但破破烂烂而且都褪色了，是不是应该换新的呢？

答：应该换新的。《国旗法》第三条规定："中华人民共和国国旗是中华人民共和国的象征和标志。每个公民和组织，都应当尊重和爱护国旗。"国旗是国家的标志，代表国家的主权和尊严。尊重和爱护国旗，是法律规定的每个公民和组织的神圣义务。在任何时候，都要庄重、严肃地对待国旗，尊重和爱护国旗，依法使用国旗。升挂国旗是公民和组织抒发爱国主义情感的一种方式，是国家观念和爱国意识强的表现。为了维护国家的主权和尊严，增强公民的国家观念和爱国意识，加强爱国主义教育，对国旗的升挂依法进行规范,是非常必要的。因此,《国旗法》对国旗的升挂作了明确的规定,升挂国旗应当遵循《国旗法》的有关规定。《国旗法》第五条至第八条对应当或者可以升挂国旗的范围作了具体规定,第十二条、第十三条、第十五条、第十六条对国旗升挂的时间、仪式、方式等进行规范,同时在第十七条对升挂的国旗提出明确要求。根据《国旗法》第十七条的规定,升挂国旗时使用的国旗要符合法定要求,即不得使用破损、污损或者不合规格的国旗。遵循这一规定,使用完整、洁净、符合规格的国旗,是尊重国旗的表现,是维护国家尊严的需要。

为避免国旗的制作不统一,如国旗尺寸不一,颜色偏差,甚至皱巴、污损,旗杆五花八门,《国旗法》第四条第三款专门作出规定:"国旗由省、自治区、直辖市的人民政府指定的企业制作。"为了维护国旗的尊严,保证国旗的制作质量,1991 年 5 月 25 日,由国家技术监督局发布了《国旗》和《国旗颜色标准样品》两项国家标准,作为贯彻《国旗法》、确保国旗质量的配套技术标准,规定了国旗的形状、颜色、图案、制版定位、通用尺寸、染色牢度等技术要求。1992 年,《国务院办公厅关于贯彻国旗法和执行国家有关技术标准确保国旗质量问题的通知》(国办函〔1992〕112 号)指出,未经指定的企业不能制作国旗。对指定的企业,各省、自治区、直辖市人民政府主管标准、质量的部门要加强标准、质量的监督管理。监督检查用的国旗标准和样品,由国家技术监督局统一制作和发行。升挂的国旗,应当依法使用符合上述规格、由指定企业制作生产的国旗,体现对国旗的尊重,维护国旗的尊严。

《国旗法》第四条第一款规定:"地方各级人民政府对本行政区域内国旗的升挂和使用,实施监督管理。"根据这一规定,地方各级人民政府负责本行政区域内国旗升挂、使用的监督管理,对升挂、使用破损、污损、褪色或者不合规格国旗的,要责成有关单位迅速更换和纠正。在全国各族人民欢庆新中国成立60周年期间，2009年10月15日，国务院办公厅颁布了《关于做好破损污损褪色或者不合规格国旗回收处理工作的通知》(国办函〔2009〕100号)，要求各地建立健全对国旗升挂、使用、回收处理的长效管理机制，按照单位管理与属地管理相结合的原则组织实施。中央国家机关、企事业单位由本单位机关党委或工会负责；学校由当地教育主管部门负责，农村由所在地乡镇人民政府负责；其他组织和社区由所在地乡镇人民政府、街道办事处负责。破损、污损、褪色或者不合规格国旗回收后，由县级以上人民政府指定单位集中放置，定期统一处理。

23 国旗不能用于什么情形？

答：国旗是国家的象征和标志，代表国家的主权和尊严。国旗的这一特性决定了国旗不是一般的旗帜，国旗及国旗上的图案都被赋予了特殊的象征意义，因此，国旗必须用于庄重而严肃的场合，不得随意使用。对国旗的不适当使用，损害的不仅仅是国旗的尊严，更是我们国家的尊严。因此，一定要注意以正确、适当的方式使用国旗。《国旗法》第十八条规定，国旗及其图案不得用作商标和广告，不得用于私人丧事活动。该条对禁止使用国旗及其图案的情形作了具体规定。

为什么国旗及其图案不得用作商标和广告？这是因为，商标和广告都是商业活动的具体形式，商业活动以营利为目的，在商业活动中使用国旗，与国旗是国家的象征和标志，代表国家的主权和尊严这一特性不符，有损国旗的庄严性，因此，《国旗法》明文禁止在商标和广告中使用国旗及其图案。

一、关于国旗及其图案不得用作商标

商标是用以区别不同生产经营者所提供的商品或者服务的标志。除了《国旗法》,有关国际公约和我国《商标法》也对国旗不能作为商标使用的标志作了明确规定。例如,《保护工业产权巴黎公约》第六条之三规定,本公约成员国的国旗、国徽、表明实施国家管制和保证的官方标志、检验印记及政府间国际组织的标志均不得作为商标注册和使用。《商标法》第十条规定:"下列标志不得作为商标使用:(一)同中华人民共和国的国家名称、国旗、国徽、国歌、军旗、军徽、军歌、勋章等相同或者近似的,以及同中央国家机关的名称、标志、所在地特定地点的名称或者标志性建筑物的名称、图形相同的;(二)……"与《国旗法》相比,除了均规定了国旗图案不得作为商标使用之外,《商标法》更进一步明确地规定了与国旗相近的图案也不得作为商标使用。与国旗相近的图案,既包括国旗图案的变形,也包括与国旗图案近似的、容易引起混淆,或者虽与国旗图案不完全一致,但明显可以看出与国旗图案的全部或局部元素近似的图案。

二、关于国旗及其图案不得用作广告

广告是为了某种特定的需要,通过一定形式的媒体,公开而广泛地向公众传递信息的宣传手段。《国旗法》第十八条中所说的广告是指狭义的广告,即由商品经营者或者服务提供者承担费用,通过一定媒介和形式直接或者间接地介绍自己所推销的商品或者所提供的服务的商业广告。对于那些不以营利为目的的广告,如为了弘扬社会主旋律、宣传正能量而拍摄的不以营利为目的的公益广告,并不受《国旗法》第十八条规定的限制,是可以使用国旗及其图案的。除了《国旗法》第十八条的规定,《广告法》也对不得使用国旗的情形作了明确规定。《广告法》第九条规定:"广告不得有下列情形:(一)使用或者变相使用中华人民共和国的国旗、国歌、国徽,军旗、军歌、军徽;(二)……”国旗是国家的象征和标志,在商业广告中使用国旗,是一件极不严肃的事情,将会极大损害国旗的尊严。与《国旗法》相比,除了均规定不得在广告中使用国旗,《广告法》还进一步规定禁止在广告中变相使用国旗。变相使用是指没有直接使用国旗及其图案,而是对国旗及其图案作了变形,又能明显看出国旗及其图案的全部或部分元素,从而在广告中加以使用。此外,行政法规对广告中不得使用国旗也作了规定,国务院发布的《广告管理条例》第八条规定:“广告有下列内容之一的,不得刊播、设置、张贴:……(三)有中国国旗、国徽、国歌标志、国歌音响的……”

三、有关案例

2008 年,某国际知名体育用品公司在香港推出至少两款奥运系列运动背包及 POLO 衫采用国旗“红底黄五星”作基本图案,在五星中最大的一颗内,赫然印着该公司的标志。采用五星红旗图案的运动背包及 POLO 衫,被指涉嫌违反《国旗法》。该公司有关负责人随后向消费者致歉,并决定全球召回。《国旗法》第十八条明确规定,国旗及其图案是不能用于商标和广告的,而该公司把国旗图案用在自己的产品上,并且把该公司的标志印在国旗图案的五星上,同样也是不允许的。虽然大家见到运动员穿的运动服上都有国旗或者国徽图案,但这是一种特例,因为运动员是代表国家参加体育比赛,而该公司在市场销售的产品则不属于这个范畴,显然是违法的,应该予以禁止。另外,如果商品对国旗或者国徽有侮辱、损害的情况,还要按照相关法律进一步追究其责任,其中包括没收产品、经济处罚甚至追究刑事责任。该事件涉及了中国国旗,其产品也是在中国境内销售,依照我国《国旗法》及相关法律来判定,这是毋庸置疑的。

2005 年,某快餐品牌连锁店向消费者赠送的台历上,一只卡通鸡的胸脯上印有五颗五角星，和我国国旗上的五星形状、分布非常相似。该公司的行为，同样涉嫌违反《国旗法》。根据《国旗法》第十八条规定，国旗及其图案不得用作商标和广告。该公司赠送的台历虽然是赠品，但上面印有大量该公司的快餐图案和商标，严格地说这本台历是一种变相的广告，印制这样的台历送给公众有违反《国旗法》之嫌。

24 国旗可以用于私人场合吗？

答：国旗不可以用于私人场合。国旗是国家的象征和标志，代表国家的主权和尊严。国旗的这一特性决定了国旗不是一般的旗帜，国旗是一种特殊的旗帜，国旗及国旗上的图案都被赋予了特殊的象征意义，因此，国旗必须用于庄重而严肃的场合，不得随意使用。对国旗的不适当使用，损害的不仅仅是国旗的尊严，更是国家的尊严。因此，我们一定要注意以正确、适当的方式使用国旗。

国旗是国家的象征和标志，为了体现国旗的严肃性和权威性，《国旗法》第十八条规定，国旗及其图案不得用于私人丧事活动。私人丧事活动属于私人行为，在私人丧事活动中使用国旗及其图案，极不严肃。理解这一规定，要注意把握好两点：一是这一规定与《国旗法》第十四条的规定并不矛盾。《国旗法》第十四条规定，“下列人士逝世，下半旗志哀：（一）中华人民共和国主席、全国人民代表大会常务委员会委员长、国务院总理、中央军事委员会主席；（二）中国人民政治协商会议全国委员会主席；（三）对中华人民共和国作出杰出贡献的人；（四）对世界和平或者人类进步事业作出杰出贡献的人”。基于这些人士生前为国家为世界作出的巨大贡献，因而《国旗法》规定在其逝世后，专门给予其下半旗志哀的崇高礼遇，在这一情况下使用国旗，与《国旗法》第十八条的规定并不冲突。二是党和国家领导人，以及其他生前为国家作出卓越贡献的人士，由国家成立的治丧机构举行丧葬活动，不属于《国旗法》第十八条规定的私人丧葬活动，不受该条规定的限制，可以使用国旗及其图案。在这些为国家作出卓越贡献的人士的丧葬活动中允许使用国旗，是对其生前作出的巨大贡献的褒奖，与国旗所要传达出的精神内涵是一致的。实践中，对这些人士的逝世多使用党旗覆盖其灵柩上，也有对部分人士使用的是国旗，如曾经担任过全国人大常委会副委员长、全国政协副主席的阿沛·阿旺晋美的遗体告别仪式和海地地震遇难中国维和警察遗体告别仪式，均在灵柩上覆盖了国旗。

总之，使用国旗及其图案时，需要掌握的基本原则就是，不得损害国旗的庄重性、严肃性，让爱国旗、正确使用国旗成为一种公民信仰，让五星红旗成为每个中国人心中的骄傲。

25 国旗的监督管理由哪些部门负责？

答：国旗的监督管理由哪些部门负责？《国旗法》第四条规定，地方各级人民政府对本行政区域内国旗的升挂和使用，实施监督管理。外交部、国务院交通主管部门、中国人民解放军总政治部对各自管辖范围内国旗的升挂和使用，实施监督管理。

国旗是国家的象征和标志，代表着国家的主权和尊严，在维护国家统一与安定、培养群众爱国主义情感方面起着重要作用。为了维护国旗的尊严，增强公民的国家观念，《国旗法》不仅对国旗的样式、国旗的升挂和使用提出了一系列规范要求，还规定了地方各级人民政府、外交部、国务院交通主管部门、中国人民解放军总政治部的监督管理职责。《国旗法》第四条规定共分三款，可以从以下两个方面加深理解：

一、关于监督管理的职责主体

依据《国旗法》第四条第一款、第二款的规定，对于国旗的升挂和使用实施监督管理的主体分别有：地方各级人民政府、外交部、国务院交通主管部门、中国人民解放军总政治部。

根据《宪法》的规定，地方各级人民政府是地方各级国家权力机关的执行机关，是地方各级国家行政机关。包括省、自治区、直辖市人民政府，设区的市、自治州人民政府，县、自治县、市辖区人民政府，以及乡、民族乡、镇人民政府，我国香港、澳门地区实行"一国两制"，设立了香港、澳门两个特别行政区。香港、澳门特别行政区基本法的附件三都已表明，《关于中华人民共和国国都、纪年、国歌、国旗的决议》《国旗法》等属于应当在特别行政区实施的全国性法律。

地方各级人民政府之外，外交部、国务院交通主管部门、中国人民解放军总政治工作部与本部门职权范围内负有国旗升挂和使用的监督管理的责任。例如，外交活动以及国家驻外使馆领馆和其他外交代表机构升挂、使用国旗的办法，《国旗法》已明确由外交部规定，应由外交部对外交活动以及国家驻外使馆领馆和其他外交代表机构升挂、使用国旗等外交领域行为实施监督管理。民用船舶和进入中国领水的外国船舶升挂国旗的办法，《国旗法》已明确由国务院交通主管部门规定；公安部门执行边防、治安、消防任务的船舶升挂国旗的办法，《国旗法》已明确由国务院公安部门规定。总体上，国务院交通主管部门对船舶升挂国旗等交通领域行为实施监督管理。此外，依照《国旗法》规定，军事机关、军队营区、军用舰船，按照中央军事委员会的有关规定升挂国旗，具体由中国人民解放军政治工作部门对管辖范围内国旗的升挂和使用，实施监督管理。

二、关于监督管理的职责内容

无论是地方各级人民政府一般性的监督管理，还是外交部、国务院交通主管部门、中国人民解放军总政治部对于各自管辖范围的特殊性监督管理，都有以下这些共性内容：

一是要确保法律规定的场所依法升挂国旗。

二是要确保按照法律规定的办法规范升挂国旗。

三是要确保国旗的尊严得到维护，并对侮辱国旗的行为严加惩处。

26 对外商投资企业升挂国旗和使用国旗有什么特殊规定吗？

答：自1990年《国旗法》公布实施以来，多数企业事业组织，能够按照《国旗法》和外交部关于涉外升挂和使用国旗的规定，升挂和使用国旗。但是，也有一些企业事业组织，特别是外商投资企业，在升挂和使用国旗时，违反有关规定。有的中外合资企业的门口，只悬挂合资外方所属国国旗；有的在同时升挂中国国旗和外国国旗时，没有将中国国旗置于中心或首位，在人民群众中造成了不良影响。

国旗是国家的象征和标志，代表国家的主权和尊严。为了维护国家的主权和尊严，加强对外商投资企业升挂和使用国旗的管理，1998年10月18日，国务院办公厅下发《关于加强对外商投资企业升挂和使用国旗管理的通知》（国办函〔1998〕50号），依照《国旗法》和有关规定，对加强外商投资企业升挂和使用国旗的管理作出具体要求：（1）外国政府经援项目以及大型中外合资经营企业、中外合作经营企业、外资企业(以下简称外商投资企业)的奠基、开业、落成典礼以及重大庆祝活动,可以同时升挂中国国旗和有关外方所属国国旗。(2)外商投资企业,凡平时在室外或公共场所升挂本国国旗时,只能升挂与中国建立外交关系的国家的国旗,并且必须同时升挂中国国旗。如有需要升挂未与中国建立外交关系国家的国旗,须由省、自治区、直辖市人民政府外事办公室请示外交部。(3)外商投资企业同时升挂中国和外方所属国国旗时,必须将中国国旗置于首位或中心位置。外商投资企业同时升挂中国国旗和企业旗时,必须把中国国旗置于中心、较高或突出的位置。(4)各省、自治区、直辖市人民政府外事办公室要加强对外商投资企业升挂和使用国旗的监督管理,对违反有关规定升挂和使用国旗的外商投资企业,要令其纠正。

第五章　关于侮辱国旗的处罚

27 国外法律对于侮辱国旗的行为是怎么规定的？

答：国旗是国家的象征和标志，代表着国家的主权和尊严。很多已经制定《国旗法》的国家为了维护国旗、国家尊严，均对侮辱或者不尊重国旗的行为明确了相应的法律责任。如美国法典第四部分第一章规定，在国旗上涂划、标记、绘画、做广告等行为视为侮辱国旗。《印度防止侮辱国家象征法》规定，不尊重国旗的行为包括：(1)公开轻视国旗或者对国旗表达不尊重；(2)为致敬私人或者私事时浸湿国旗；(3)在政府规定应降半旗时不降半旗；(4)在除国葬或者军人或者准军事人员葬礼外的葬礼上使用国旗；(5)国旗作为戏服、制服以及腰部以下所穿的任何衣服的一部分；将国旗刺绣或者印制在垫子、手帕、餐巾、内衣以及任何衣料上；(6)在国旗上刻画；(7)将国旗作为接收、发送或者携带物品的容器，国庆日或者独立日庆典时花瓣铺在国旗上除外；(8)用国旗覆盖雕塑、遗迹、演讲者讲桌或者演讲者站台上；(9)将国旗丢弃在轿车、火车、轮船或者飞行器或者其他物体的顶部、一侧或者后部；(10)将国旗作为建筑物覆盖物。《巴哈马旗帜和国徽法》规定，任何人严重毁损、切断、撕破、焚烧或者以涂写、印刷或者标记等任何方式污损；以任何语言侮辱或者藐视或者贬损，将被认为有罪，除非有合法理由或者证据证明其言语或者行为不是有意蔑视或者贬损国旗国徽，并视为侮辱国旗。

28 国外对侮辱国旗的行为是怎么处罚的？

答：一些国家对侮辱国旗的行为应承担的法律责任主要分为以下几种类型：

一是单处罚金。一些国家对侮辱国旗行为规定单处罚金。新加坡政府制定的《国徽、国旗和国歌条例》规定，对任何违反该法规定，有侮辱国旗行为的，最高处罚1000美元。

二是处以罚金或监禁，或两者并处。一些国家对侮辱国旗行为制定了罚金和监禁两种处罚措施，如《菲律宾国旗、国歌、国家箴言、国徽和其他徽章项目和物品法》规定，任何违反本法规定侮辱国旗的自然人或法人将被判有罪，由法院自由裁量处以5000比索至2万比索之间的罚金，或判处2年以内监禁，或者兼处罚金和监禁。对于再犯和累犯，必须并处罚款和监禁。法人违反本法规定，其董事长或总经理应承担责任。

29 我国法律规定的侮辱国旗的行为一般都有哪些？

答：我国法律规定，侮辱国旗的行为人必须具有在公众场合故意以焚烧、毁损、涂划、玷污、践踏等方式侮辱国旗的行为，才能构成侮辱国旗的行为。侮辱国旗的行为方式主要表现为焚烧、毁损、涂划、玷污、践踏及其他形式。所谓焚烧，是指经过点燃、燃烧、熔融等方式，经过高温下的氧化进行减容、热分解，使国旗毁损部分或者化为残渣；所谓毁损，是指通过肢体或者借助器械等以撕裂、捣碎、撕碎等方法使国旗整体变残、变形、缺损成为碎片；所谓涂划，是指用笔、油漆、涂料等有色物品在国旗上任意乱涂乱画或者有意刻画带有侮辱性的图案、图形、文字等，以破坏国旗的严肃性、整洁性；所谓玷污，是指以水渍、粘物、火燎等方式使国旗出现污渍；所谓践踏，是指采取脚踏、车轮碾轧等方式侮辱国旗；其他方式是指以上述五种方式以外的其他使国旗受到侮辱的方式。

30 侮辱非标准制作的国旗构成侮辱国旗行为吗？

答：侮辱非标准制作的国旗构成侮辱国旗行为。首先，侮辱的对象只限于中华人民共和国国旗，侮辱外国的国旗不构成《国旗法》规定的侮辱国旗行为。关于中华人民共和国国旗的范围，包括根据《国旗法》《国旗制法说明》规定由法定企业制作的国旗。对于是否还包括印刷、手绘等方式制作的国旗图案，有不同的观点。一种观点认为如果侮辱的属不合规格的国旗或自制的国旗，就不构成侮辱国旗罪。国旗的范围应以法律规定为标准。首先，国旗应符合法定的规格，具体标准应根据《国旗法》《国旗制法说明》来确定。其次，国旗应由法定企业制作。如果侮辱的属不合规格的国旗或自制的国旗，就不构成本罪。还有一种观点认为这里国旗的范围包括不合规格的国旗，其理由在于侮辱这些非标准制作的国旗，也会使人认为损害了国旗的尊严。我们认为，一些人为了发泄对国家、政府的不满侮辱不合规格的国旗，也象征了对国旗象征的国家尊严进行了侮辱，理应属于侮辱国旗罪的范围之内。其他一些地区也有类似的法律规定，如我国香港地区《国旗及国徽条例》规定，如有国旗或国徽的复制本并非与国旗或国徽完全相同，但其相似程度足以使人相信它就是国旗或国徽，则就本条例而言，该复制本被视为国旗或国徽。我国澳门地区规定“第一款及上款第一项的规定适用于侮辱对象为国家象征的复制本的情况，但复制本除必须与原本明显相似外，还须足以令公众以为是国家象征”。印度等国家也有类似的立法例。

31 我国法律规定对侮辱国旗的行为如何处罚？

答：侮辱国旗的行为达到一定的程度即构成犯罪。《国旗法》第十九条同样规定，情节较轻的，由公安机关处十五日以下拘留。显然并非所有侮辱国旗的违法行为都构成犯罪，只有实施了侮辱国旗的行为，而又不属于情节显著轻微危害不大及情节较轻的，才构成本罪。具体判断侮辱国旗行为的危害程度，可以从以下几方面考虑：(1)侮辱手段是否恶劣，是采用动物粪便还是手撕等方式危害性有所不同。(2)侮辱对象的数量及侮辱次数的多少，侮辱少量国旗与大量国旗有所不同。(3)侮辱的动机如何。如出于仇视国家的政策方针、法律法规等动机与纯粹为发泄个人私愤等动机危害性显然不同。(4)社会影响的大小。如侮辱天安门广场升挂的国旗与侮辱某居民院升挂的国旗，影响大小显然不一样，其危害性大小也就不同。(5)造成的危害后果。如撕碎国旗与少量水渍污染国旗显然不同。(6)行为人案发后的态度。如行为人是主动交代或积极消除影响，还是拒不认罪。如果从以上几方面因素考虑，认为行为人的情节属于较轻的或显著轻微危害不大的，则不能以犯罪论处。

32 我国香港、澳门地区法律法规对侮辱国旗行为是如何规定的？

答：我国香港、澳门特别行政区对侮辱国旗的行为进行了规定。香港特别行政区1997年制定的《国旗及国徽条例》规定，任何人公开及故意以焚烧、毁损、涂划、玷污、践踏等方式侮辱国旗或国徽，即属犯罪，一经定罪，可处第5级罚款及监禁3年。我国澳门特别行政区将侮辱国旗行为作为侮辱国家象征行为的一种进行了规定。1999年制定的《国旗、国徽及国歌的使用及保护》规定："一、以言词、动作或散布文书、又或以其它与公众通讯的工具，公然侮辱国家象征，又或对之不尊重者，处最高三年徒刑，或科最高三百六十日罚金。二、下列情况构成对国家象征的不尊重：(一)焚烧、毁损、涂划、玷污或践踏国旗或国徽；(二)演奏国歌时蓄意不依歌谱或更改歌词。"

33 香港特别行政区发生过几起侮辱国旗的案例，是怎么处理的？

答：《关于中华人民共和国国都、纪年、国歌、国旗的决议》、《国旗法》和《国徽法》先后列入香港特别行政区基本法附件三，作为在特别行政区实施的全国性法律。香港特别行政区为使用及保护国旗、国徽专门制定了《国旗及国徽条例》，其中第四条规定，不得使用破损的国旗、国徽；第六条规定了禁止将国旗、国徽用作某些用途及相应法律责任。除保护国旗、国徽外，香港特别行政区还制定了《区旗及区徽条例》，对区旗及区徽给予保护，其中第四条规定不得使用破损的区旗、区徽。第六条规定，禁止将区旗、区徽用作某些用途。第七条规定，任何人公开及故意以焚烧、毁损、涂划、玷污、践踏等方式侮辱区旗或区徽，即属犯罪，可处相应罚款及监禁。

香港回归后，典型侮辱国旗案例为吴恭劭、利建润侮辱国旗和区旗案。吴恭劭、利建润参加了1998年1月1日在香港的一次游行，其间携带并挥舞了明显遭到污损和破坏的国旗与区旗，并在游行过程中高喊政治性抗议口号，但没有其他非法行为。香港终审法院认为，国旗及区旗象征了国家的主权和统一以及香港特别行政区作为中国之不可分割一部分的法律地位，裁定吴恭劭、利建润在游行中的行为违反《国旗及国徽条例》第七条的规定和《区旗及区徽条例》第七条的规定，构成了侮辱国旗和区旗的罪行，各缴纳保证金2000元，并判处守行为规范12个月（守行为规范是指有条件的释放，法庭会要求当事人在一段时间内不再犯事，如果犯事，便要向法庭缴纳款项）。

近年来，港独势力日益猖獗，在集会游行、开学典礼、体育赛事等场合多次出现公然践踏国旗、侮辱国歌的现象。

2012年6月，香港泛民主派较激进组织社会民主连线的成员古思尧在中联办外的集会中玷污及焚烧国旗，以及在2013年元旦游行时玷污国旗和区旗。香港东区裁判法院指出，已考虑到市民抗议和示威的自由，但古思尧的行为破坏公众秩序，被告在集会期间烧毁国旗，而旗帜是由塑胶制造，不顾后果，不理会在场示威者、警方和记者的风险，行为鲁莽需要谴责，应给予阻吓性的刑罚。最终判决四项控罪罪成，合共判监9个月，实时入狱。

第二部分

《中华人民共和国国歌法》读本

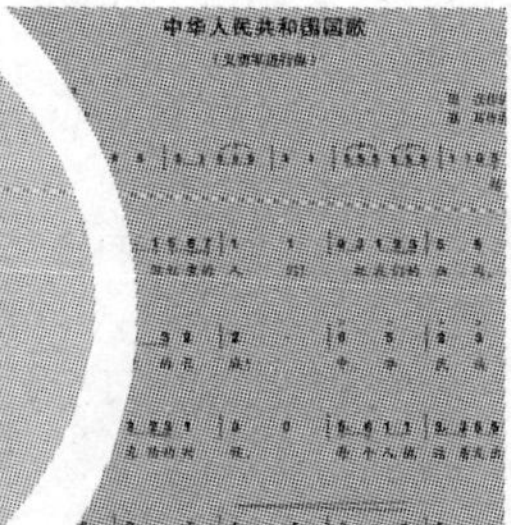

第一章　国歌的基本知识

1　国歌最先出现在哪个国家？

答：国歌，是表现一个国家民族精神的歌曲，是被认为能代表该国家和人民意志的乐曲，是用来歌颂与鼓励一个民族的信心与凝聚力的。最早的国歌始见于16世纪下半叶，荷兰的《威廉颂》是世界上最古老的国歌，是荷兰人为反抗西班牙统治所作。1569年，荷兰人民为抵抗西班牙统治者的统治与压迫，高唱《威廉颂》（奥兰治的威廉）冲向敌人，并战胜了西班牙统治者。荷兰人民对这首代表着国家民族精神的歌曲十分热爱。这首歌曲便成了荷兰的国歌。从此以后，许多国家也争相模仿，制定出自己国家的国歌。到18世纪末，西班牙、法国、奥地利确定了国歌。19世纪，民族主义在全世界兴起，国歌迎来了繁荣，尤其是中欧和南美地区，纷纷确定了国歌。“二战”后，多数亚洲国家才确定了国歌。

2　世界上有哪些国家制定了专门的国歌法？

答：在许多国家的宪法中，都将国歌与国旗、国徽确立为国家的象征和标志，代表着国家的主权和尊严。一些国家和地区还制定了有关国歌的法律法规。美国、俄罗斯、加拿大、马来西亚、孟加拉国等国制定了专门的国歌法律或者法令，而一些国家和地区则将国歌与国旗、国徽等国家象征一并立法进行规范，如《日本国旗国歌法》、《新加坡国徽、国旗和国歌条例》、《菲律宾国旗、国歌、国家箴言、国徽和其他徽章项目和物品法》、《印度防止侮辱国家象征法》、我国澳门特别行政区《国旗、国徽及国歌的使用及保护》（第5/1999号法律）等。

3 中国的国歌出现在哪个朝代？历史上的国歌有哪些？

答：国歌，是国家和民族精神的标志和象征。在清朝末年以前，中国历朝没有国歌。1896年北洋大臣兼直隶总督李鸿章作为外交特使赴西欧和俄国作礼节性访问，按当时的外交惯例，在欢迎仪式上要演奏国歌，于是临时编了一首，被后人称为《李中堂乐》。1911年10月4日，清政府正式颁布了名为《巩金瓯》的国乐，但未及推行，6天后即爆发辛亥革命，清政府被推翻。清末到中华民国政局混乱，政权更迭频繁，国歌随颁布随废止，生命力不长，影响力不大。国歌歌词大都反映了当时统治阶层的思想，或者颂扬统治者，或者描绘资产阶级的立国理想。

辛亥革命后，时局动荡，多个“国歌”诞生，也很快废止。1912年中华民国临时政府在南京成立，颁布了《中华民国国歌》，沈恩孚作词，沈彭年作曲。1915年，袁世凯篡夺了中华革命临时政权，废弃了孙中山颁布的国歌，启用《中华雄踞天地间》为国歌。1916年袁世凯下台。1920年段祺瑞政府教育部征集国歌，北京大学音乐传习所的作曲家肖友梅将《尚书》中的《卿云歌》选作歌词并作曲，全歌仅四句16字。1930年3月24日，由于当时中华民国处在训政时期，许多国民党党员提议使用《三民主义歌》作为国歌。由于反对使用一党标志代表全国，所以设立了国歌编制研究委员会，支持国民党党歌。1937 年 6 月 3 日，中央常务委员会批准了提案，而在 1943 年，《三民主义歌》正式成为中华民国的国歌。

1931 年 11 月，中国共产党在江西瑞金召开中华苏维埃第一次全国代表大会，宣布成立中华苏维埃共和国，决定以法国人欧仁·鲍狄埃作词、皮埃尔·狄盖特作曲的《国际歌》作为国歌。这首歌犹如一面旗帜，激励着无数革命者振奋精神、克难历险、奋勇前进。

1949 年 9 月 27 日，中国人民政治协商会议第一届全体会议通过了《关于中华人民共和国国都、纪年、国歌、国旗的决议》，其中第三项规定："在中华人民共和国国歌未正式制定前，以义勇军进行曲为国歌。"至此，有着新中国象征意义的中华人民共和国国歌产生。

4 《义勇军进行曲》如何被确定为国歌？

答：《义勇军进行曲》诞生于 20 世纪 30 年代中期。1934 年春，田汉决定写一部以抗日救亡为主题的电影剧本《风云儿女》。在他刚完成故事梗概和主题歌歌词时，就被国民党反动派逮捕入狱。另一位共产党员、戏剧家夏衍接手将这个故事写成了电影剧本。聂耳主动要求为主题歌谱曲。1935 年 3 月下旬，聂耳在上海完成初稿，并在躲避国民党政府追捕的颠沛流离中，于 4 月下旬在日本完成了曲谱定稿。随着电影《风云儿女》的公映，《义勇军进行曲》很快在广大人民群众中传唱起来。伴随着"一二·九"运动的学潮，救亡运动的巨浪，抗日战争的烽火，解放战争的硝烟，遍及大江南北、长城内外。第二次世界大战期间，英国、美国、苏联、印度等国的国家广播电台经常播放《义勇军进行曲》，表达反法西斯的共同心愿。

1949 年 9 月 27 日,中国人民政治协商会议第一届全体会议通过了《关于中华人民共和国国都、纪年、国歌、国旗的决议》,其中第三项规定:“在中华人民共和国的国歌未正式制定前,以义勇军进行曲为国歌。”国歌由田汉作词,聂耳作曲。1954 年《宪法》、1982 年《宪法》第四章规定了国旗、国徽、首都,未规定国歌。

1978 年 3 月 5 日,第五届全国人大第一次会议通过关于中华人民共和国国歌的决定,更改了田汉原作的歌词。由于各方面对更改国歌歌词一直有不同意见,1982 年 12 月 3 日,第五届全国人大第五次会议决定:恢复《义勇军进行曲》为中华人民共和国国歌,撤销本届全国人大第一次会议通过的决定。

2004 年 3 月 14 日,第十届全国人大第二次会议通过的《宪法修正案》第三十一条规定:将《宪法》第四章章名“国旗、国徽、首都”修改为“国旗、国歌、国徽、首都”。《宪法》第一百三十六条增加一款:“中华人民共和国国歌是《义勇军进行曲》。”将国歌写入《宪法》,有利于维护国歌的权威性和稳定性,增强全国各族人民的国家认同感和国家荣誉感。

5 为什么规定国歌成为我国国家象征和标志?

答:从 1954 年我国《宪法》制定以后,历次《宪法》均规定了国旗、国徽。我国在 1990 年、1991 年制定《国旗法》与《国徽法》时,规定了中华人民共和国国旗、国徽是中华人民共和国的象征和标志。每个公民和组织,都应当尊重和爱护国旗、国徽。但直到 2004 年 3 月 14 日,第十届全国人大第二次会议通过的《宪法修正案》第三十一条规定:将《宪法》第四章章名“国旗、国徽、首都”修改为“国旗、国歌、国徽、首都”。《宪法》第一百三十六条增加一款:“中华人民共和国国歌是《义勇军进行曲》。"第十届全国人大第二次会议通过的《宪法修正案》才明确规定"中华人民共和国国歌是《义勇军进行曲》"。将国歌写入《宪法》,有利于维护国歌的权威性和稳定性,增强全国各族人民的国家认同感和国家荣誉感。2014年12月中共中央办公厅、国务院办公厅专门印发了《关于规范国歌奏唱礼仪的实施意见》(中办发〔2014〕66号),对国歌的奏唱场合、奏唱礼仪和宣传教育作了专门规定。但是国歌作为中华人民共和国的象征和标志没有得到法律的明确。

近年"两会"期间多位全国人大代表、政协委员针对上述问题提出建议、提案,呼吁加快推动国歌立法进程,进一步明确国歌的法律地位,加强对国歌的法律保护。在起草制定《国歌法》时,各方均认为明确"中华人民共和国国歌是中华人民共和国的象征和标志。一切公民和组织,都应当尊重国歌,维护国歌的尊严"是必要的,也是可行的。这就明确了国歌和国旗、国徽享有同等的地位,对于维护国歌尊严具有重要意义。

在《国歌法》起草过程中,很多人主张,国歌应与国旗、国徽一样作为国家的象征和标志写入法律。有的认为,国歌反映我们国家从苦难中走出来的奋斗过程,反映了我们国家的精神面貌。有的提出,在一些重大会议、重要场合、大型文化、外交、政治等活动中,只要国歌响起,就不由自主地令人肃然起敬,心潮澎湃,一种民族的自豪感、危机的惊觉感、复兴的紧迫感都会随之而来,油然而生。这就是国歌的震撼,国歌的力量,也是国歌的魅力。有的提出,国歌是反映民族之魂的音乐。普遍认为,国歌是国家的标志,是民族精神的体现,也是很好的爱国主义教育的题材,体现了习近平总书记提出的中国梦和中国故事。有的提出,国歌是国家的形象。国歌,唱出了中国人民的心声;唱出了中国人民不怕困难、不怕牺牲的精神;唱出了中国人民永远向前进的豪言壮语;唱出了复兴中华民族的伟大梦想。因此,在根据绝大多数人意见的基础上,《国歌法》第三条明确规定:"中华人民共和国国歌是中华人民共和国的象征和标志。一切公民和组织,都应当尊重国歌,维护国歌的尊严。"

6 2004年将国歌写入《宪法》的重大意义是什么?

答:国歌同国旗、国徽一样,也是国家的象征。现在世界各国一般都有国歌,有的由最高国家权力机关或者政府以法令形式公布,有的是约定俗成由国家加以承认。在举行隆重集会、庆典以及国际交往等仪式时,通常演奏或演唱国歌,以抒发爱国之情。1949年9月27日,人民政协全体会议通过决议,规定"在中华人民共和国的国歌未正式制定前,以义勇军进行曲为国歌"。新中国成立后,因为一直是"代国歌",所以从来没有写入《宪法》。1978年3月,五届人大一次会议通过《中华人民共和国国歌》,保留聂耳原曲,而另以"集体填词"替换了田汉原词。1982年12月,五届人大在通过《宪法》的同时,颁布了恢复《义勇军进行曲》为国歌的决定(田汉原词得以恢复)。2004年3月,十届人大二次会议通过《宪法修正案》第三十一条,把《宪法》第四章原章名修改为"国旗、国歌、国徽、首都",并在第一百三十六条增写了"中华人民共和国国歌是《义勇军进行曲》"作为第二款。从此,我国国歌载入了《宪法》,意义无疑是十分重大的。将国歌正式写入《宪法》,有利于维护国歌的权威性和稳定性,增强全国各族人民的国家认同感和国家荣誉感。将国歌写入《宪法》,有利于进行爱国主义教育,增强公民的忧患意识,使全体公民居安思危,努力建设富强、民主、文明、和谐的社会主义国家。

7 制定《国歌法》的主要目的是什么？

答：我国的国歌《义勇军进行曲》诞生于1935年中国人民抵抗日本帝国主义侵略，中华民族处于生死存亡的关头。《义勇军进行曲》是一首跨越时空的战歌，自诞生80余年来，它以铿锵有力的词句伴着雄壮激昂的旋律，激励着中国各族人民在中国共产党的领导下为争取民族独立、人民解放和实现国家富强、人民富裕不屈不挠、英勇奋斗，同时也赢得了世界各国的认可和尊重。新中国成立初期，以《义勇军进行曲》为国歌，是历史的选择，人民的选择。2004年在《宪法》中明确了中华人民共和国国歌是《义勇军进行曲》，从而在宪法上形成了完整的国家标志制度。今天为国歌立法，主要目的如下：

一是为了保证《宪法》规定的制度得到全面贯彻实施。我国《宪法》第四章规定了“国旗、国歌、国徽、首都”，国歌与国旗、国徽一样，都是《宪法》确立的国家象征和标志，代表国家的主权和尊严，理应享有与国旗、国徽同样的法律保护。我国分别于1990年和1991年制定了《国旗法》和《国徽法》，对于维护国家标志的尊严，确保国旗、国徽正确使用发挥了重要作用。制定《国歌法》，就是为了填补立法空白，完善国家标志法律制度，保障《宪法》得到全面有效的实施。

二是为了维护国歌的尊严和解决国歌奏唱、使用中存在的问题。多年来，国歌所承载的爱国情怀、忧患意识和奋勇前行的民族精神深入人心，广大人民群众热爱祖国、尊崇国歌，国歌奏唱和使用总体情况是比较好的。但实际生活中也存在奏唱国歌不规范、参与者举止不得体，国歌标准演奏曲谱未予发布，影响奏唱和播放效果，国歌的宣传教育有待加强等问题。制定一部专门的《国歌法》，通过国家立法对国歌的奏唱场合、奏唱礼仪和宣传教育等进行规范，对于增强国歌奏唱、播放和使用的严肃性和规范性，维护国家尊严和形象，是十分必要的。

三是为了推动社会主义核心价值观的建设。国歌是弘扬中华民族精神的重要载体，是进行爱国主义教育的鲜活教材。通过立法，加强国歌的宣传教育，鼓励广大人民群众唱国歌、爱国歌，提升公民的国家观念和爱国意识，培育和践行社会主义核心价值观，弘扬以爱国主义为核心的民族精神，激励全国各族人民为实现中华民族伟大复兴的中国梦而共同奋斗，具有重大意义。

8 谁起草了《国歌法》？《国歌法》在哪一天开始实施？

答：近年来，全国人大代表、全国政协委员多次提出关于制定《国歌法》的议案、建议、提案。2017 年年初，习近平总书记对国歌立法作出重要批示。全国人大常委会高度重视，将《国歌法》列入 2017 年立法工作计划。2017 年以来，全国人大常委会法制工作委员会着手开展调研起草工作，主要由法制工作委员会国家法室负责，广泛征求意见，召开座谈会听取中央有关部门、全国人大代表、全国政协委员以及权威音乐家的意见，赴中国人民解放军军乐团、天安门国旗护卫队进行调研，经反复研究、修改并征求中央有关部门意见后，形成了《中华人民共和国国歌法(草案)》。为了对《国歌法》的施行做必要的宣传准备，采取了公布日和生效日不一致的做法，《国歌法》第十六条规定，《中华人民共和国国歌法》从 2017 年 10 月 1 日起正式施行。

9 唱好国歌是不是公民的一项义务?《国歌法》出台以后,是不是就不能随便唱国歌了?

答:《国歌法》的起草思路之一就是注重规范与引导并重。制定《国歌法》的目的不是将国歌束之高阁,而是为了更好地唱响国歌,传播中国声音,讲好中国故事。为此,《国歌法》规定了“国家倡导公民和组织在适宜的场合奏唱国歌,表达爱国情感”,规定了国歌的学校教育和新闻媒体的宣传。为了方便广大人民群众唱好国歌,《国歌法》专门附上了国歌的五线谱版和简谱版的词曲谱。为了便于乐队能够使用标准的演奏曲谱,以及在没有专业乐队伴奏的情况下,人民群众能轻松获得音质良好的音频伴奏,《国歌法》规定了国歌标准演奏曲谱和国歌官方录音版本在中国人大网和中国政府网发布。

从上述规定来看,担心《国歌法》出台后就不能唱国歌的疑虑应当打消了。另外,需要说明的是,《义勇军进行曲》自 1949 年被确定为国歌起,它就不再是一首普通的歌曲。国歌是国家的象征和标志,代表国家的主权和尊严。我国此前虽然没有制定专门的《国歌法》,但对国歌的奏唱、使用一直以来是有明确规范的。《国旗法》《广告法》《商标法》和其他一些文件中对奏唱、使用国歌提出了一些要求,《广告法》《商标法》还规定了相应的法律责任。因此,不是制定《国歌法》以后就不能随便唱国歌了,而是当《义勇军进行曲》被确定为国歌后,每一位公民都应当尊重国歌,维护国歌的尊严。

第二章　奏唱国歌的场合和礼仪

10 《国歌法》规定了在哪些场合应当奏唱国歌?

答:依据《国歌法》第四条的规定,在下列场合,应当奏唱国歌:(1)全国人民代表大会会议和地方各级人民代表大会会议的开幕、闭幕;中国人民政治协商会议全国委员会会议和地方委员会会议的开幕、闭幕;(2)各政党、各人民团体的各级代表大会等;(3)宪法宣誓仪式;(4)升国旗仪式;(5)各级机关举行或者组织的重大庆典、表彰、纪念仪式等;(6)国家公祭仪式;(7)重大外交活动;(8)重大体育赛事;(9)其他应当奏唱国歌的场合。

《国歌法》第四条第五项"各级机关",包括中国共产党的机关、人大机关、行政机关、政协机关、监察机关、审判机关、检察机关、民主党派和工商联机关等。第四条第五项中的"重大庆典、表彰、纪念仪式"等,结合实践,包括新中国成立×周年庆祝活动,香港、澳门回归×周年庆祝活动,举行颁授国家勋章、国家荣誉称号的仪式,在抗日战争胜利纪念日、烈士纪念日举行的纪念活动等。第七项中"重大外交活动",如外国国家元首和政府首脑来访,举行的欢迎仪式应当演奏两国国歌。第八项"重大体育赛事",根据国际体育组织规则,唱国歌是体育比赛开幕式、闭幕式、颁奖中的重要仪式,奏唱国歌往往与升国旗同时进行。实践中,国内比赛包括全国综合性运动会、全国单项体育竞赛等,国际比赛包括奥运会、亚运会等。

第九项“其他应当奏唱国歌的场合”,属于兜底条款,为了防止挂万漏一,对目前列举不尽,实践中可能出现的需要奏唱国歌的场合留下接口和余地,如出现规范性文件规定的“遇有维护祖国尊严的斗争场合”可以包括在第九项中。

11 除了《国歌法》第四条规定的这些场合,在其他场合是否就不能唱国歌了?

答:除了《国歌法》第四条规定的这些场合,在其他场合也可以奏唱国歌。《国歌法》第四条规定了九项应当奏唱国歌的场合,同时《国歌法》第八条规定了国歌不得用于或者变相用于商标、商业广告、不得在私人丧事活动等不适宜的场合使用,不得作为公共场所的背景音乐等。在“应当奏唱”和“不得奏唱”之间,《国歌法》不仅对“可以奏唱”留有空间,为了进一步明确国家提倡唱国歌的导向,还规定“国歌倡导公民和组织在适宜的场合奏唱国歌,表达爱国情感”。因此,一些单位内部举行活动时奏唱国歌,公民个人自发组织乐团奏唱国歌,基层单位的党委、工会换届奏唱国歌,机关、学校、企业事业单位举行运动会奏唱国歌等,只要奏唱的场合适宜,并出于表达爱国情感,是允许的。

12 各级各类学校的开学典礼、毕业典礼、成人礼是否可以奏唱国歌？

答：《国旗法》第十三条对升国旗仪式作了规定："升挂国旗时，可以举行升旗仪式。举行升旗仪式时，在国旗升起的过程中，参加者应当面向国旗肃立致敬，并可以奏国歌或者唱国歌。全日制中学小学，除假期外，每周举行一次升旗仪式。"其中，《国旗法》第十三条第二款规定为升国旗仪式"可以奏国歌或者唱国歌"。但是在《国旗法》实施将近三十年来，升国旗同时奏唱国歌已经成为实践中非常普遍的做法，因此，《国歌法》第四条第四项中将升国旗仪式规定为应当奏唱国歌的场合。按照新法优于旧法的原则，今后升国旗仪式时一律应当奏唱国歌。

13 《国歌法》规定的奏唱国歌的礼仪是什么？

答：为了体现国歌的严肃性和权威性，《国歌法》第六条规定："奏唱国歌，应当按照本法附件所载国歌的歌词和曲谱，不得采取有损国歌尊严的奏唱形式。"这是对奏唱国歌的最基本的要求，不论是在《国歌法》第四条规定的应当奏唱的场合，还是其他适宜的场合奏唱国歌的，都应当遵守这一要求。

为增强奏唱国歌的仪式感，体现对国家象征的尊重和维护，《国歌法》第七条规定："奏唱国歌时，在场人员应当肃立，举止庄重，不得有不尊重国歌的行为。"奏唱国歌要有仪式感和庄重感，在国歌奏唱过程中，交语、击节、走动或者鼓掌，接打电话或者从事其他无关行为都是不适宜的。

国歌不同于一般歌曲，是国家的象征和标志，涉及国家的尊严。我国《宪法》规定，中华人民共和国公民有维护祖国的安全、荣誉和利益的义务，不得有危害祖国的安全、荣誉和利益的行为。《国歌法》第三条第二款也规定，一切公民和组织都应当尊重国歌，维护国歌的尊严。因此，学唱国歌、会唱国歌，采用适宜的形式奏唱国歌，遵守国歌奏唱的礼仪规范，是履行公民义务、维护国家尊严的应有之义。

14　实践中军人在升国旗奏唱国歌时有何特殊的礼仪？

答：实践中，各国军人在奏唱国歌时行军礼，着军服戴军帽通常行举手礼，携带武器不便行举手礼时，可行注目礼。军礼在具体细节、动作标准上稍有不同。多数国家的军人行举手礼，即五指并拢、手掌伸平，举至右眉眉梢或太阳穴附近位置，手掌朝下。如美国、德国、法国、俄罗斯等国家采取这种礼仪。也有个别国家，如波兰陆军的敬礼方式为右手食指和中指并拢、其他三指握拳。注目礼是行礼时身体直立，眼睛注视目标。在我国，根据《国旗法》《中国人民解放军内务条令》等，升国旗时，列队军人应当自行立正，行注目礼，位于指挥位置的军官、文职干部，行举手礼；单个活动的军人，应当自行立正，着军服时行举手礼，着便服时行注目礼。奏唱国歌时，应当自行立正。

15　少先队员在升国旗奏唱国歌时是否要行队礼？

答：2014 年 12 月中共中央办公厅、国务院办公厅印发了《关于规范国歌奏唱礼仪的实施意见》(中办发〔2014〕66号),对国歌的奏唱场合、奏唱礼仪和宣传教育提出了明确要求。其中规定:除遵守一般要求外,少先队员应当行队礼。对奏唱国歌时参加者的行为作出具体规范的,有教育部门颁布的《小学生日常行为规范》、《中学生日常行为规范》和《中等师范学校学生行为规范(试行)》,要求学生会唱国歌,升降国旗、奏唱国歌时肃立、脱帽、行注目礼,少先队员行队礼。《国歌法》第七条规定,奏唱国歌时,在场人员应当肃立,举止庄重,不得有不尊重国歌的行为。按照该条规定,少先队员在奏唱国歌时肃立的同时,行队礼是可以的。

16 残疾人、瘫痪人士不能"肃立"怎么办?

答:《国歌法》第七条规定奏唱国歌应当"肃立"是针对一般情况,因肢体残疾、瘫痪等特殊情况不能站立,不能强求。但残疾人奏唱国歌时,应当遵守第七条的其他规定,做到举止庄重,特别是不得有不尊重国歌的行为。

17 如果电视台播放国歌,公民在家里是否需要肃立?

答:《国歌法》第十三条规定,重要的节日、纪念日,中央和地方有关媒体按照规定时点播放国歌,这一规定的初衷是为了强化新闻媒体对国歌的宣传。《国歌法》第七条规定的礼仪,强调的是奏唱国歌时,在场人员的礼仪,并未要求人民群众在家中收看、收听到媒体播放的国歌,要"肃立"致敬。

18 在天安门广场奏唱国歌时随意走动拍照，怎么处理？

答：天安门广场举行升国旗奏唱国歌时，的确有许多游客在国旗升起、国歌响起的过程中拍照摄像、有的家长将孩子扛到肩上，未遵守奏唱礼仪。《国歌法》没有规定未遵守奏唱礼仪要承担法律责任，但是如果在公共场合奏唱国歌时，不仅不遵守奏唱礼仪，还存在《国歌法》第十五条规定违法行为的，即"在公共场合，故意篡改国歌歌词、曲谱，以歪曲、贬损方式奏唱国歌，或者以其他方式侮辱国歌的，由公安机关处以警告或者十五日以下拘留；构成犯罪的，依法追究刑事责任。"因此在天安门广场奏唱国歌时仅仅拍照的行为不会受到处罚。但《国歌法》出台后，全社会都要加大宣传和普及国歌奏唱的礼仪知识，不断培育公民养成奏唱国歌的庄严感和仪式感，在全社会形成尊崇国歌、热爱国歌的良好社会氛围。

第三章　奏唱国歌的形式和国歌词曲

19 如果公民唱歌跑调，唱不准国歌，或者记不准国歌歌词，是否就违法了？

答：国歌与国旗、国徽最大的不同在于后者有固定的物质载体，具有明显的识别度，而国歌是音乐作品，需要通过演奏、演唱者的奏唱来体现国歌的形象。为此，《国歌法》第六条规定："奏唱国歌，应当按照本法附件所载国歌的歌词和曲谱，不得采取有损国歌尊严的奏唱形式。"对公民和组织奏唱国歌提出了基本要求。国歌不同于一般歌曲，是国家的象征和标志，涉及国家的尊严，每一个公民都应当学唱国歌、会唱国歌、唱好国歌。但是，考虑到每个人的歌唱水平有差异，有的人唱歌跑调，也有的人可能因其年龄、智力等原因记错歌词，《国歌法》并未简单地规定公民唱不准国歌或者记不准歌词，就是不尊重国歌，要承担法律责任。根据《国歌法》第十五条规定，在公共场合，故意篡改国歌歌词、曲谱，以歪曲、贬损方式奏唱国歌，或者以其他方式侮辱国歌的，才需要承担相应法律责任。

20 《国歌法》对奏唱国歌的内容和形式提出了什么要求?

答:《国歌法》第六条规定,奏唱国歌,应当按照《国歌法》附件所载国歌的歌词和曲谱,不得采取有损国歌尊严的奏唱形式。国歌与国旗、国徽最大的不同在于后者有固定的物质载体,具有明显的识别度,而国歌是音乐作品,需要通过奏唱者的奏唱来体现国歌的形象,因此,依据什么内容奏唱,采取什么形式奏唱至关重要。

一、奏唱国歌,应当按照《国歌法》附件所载国歌的歌词和曲谱

为了体现国歌奏唱的严肃性和规范性,很多国家和地区在法律附件中规定了国歌的歌词和曲谱。例如,俄罗斯规定,根据《俄罗斯联邦宪法》第 70 条,基于本联邦宪法性法律附件一和附件二,批准俄罗斯联邦国歌的词曲。加拿大规定,歌曲《哦,加拿大》的词、曲,被指定为加拿大国歌。菲律宾在法律的正文中列出了歌词。我国澳门特别行政区规定,国歌应依照本法附件四的正式总乐谱的准确规定进行演奏。

我国的国歌《义勇军进行曲》歌词共有 84 个字,曲谱共有 37 小节。1935 年 1 月,剧作家田汉在上海创作了电影《风云儿女》主题歌《义勇军进行曲》歌词。音乐家聂耳请求为《义勇军进行曲》谱曲,于同年 3 月下旬在上海创作了曲谱的初稿,并于 4 月下旬在东京定稿。5 月间,上海《申报》《时报》等各大报刊刊出《义勇军进行曲》词谱,从国家图书馆报刊阅览室影印件来看,歌词为:“起来！不愿做奴隶的人们！把我们的血肉,筑成我们新的长城！中华民族到了最危险的时候,每个人被迫着发出最后的吼声！起来！起来！起来！我们万众一心,冒着敌人的炮火前进！冒着敌人的炮火前进！前进！前进！进！”曲谱是用简谱和五线谱两种记谱法标记的旋律曲谱,五线谱在上、简谱在下。曲谱标记着:“G 调、2/4 拍、Marcia

Vivace、快步进行”等。7 月 17 日，聂耳在日本不幸去世，10 月 31 日，在日本的中国留学生出版了《聂耳纪念集》，首次刊出聂耳的手稿，从现存的资料看，这个手稿包括词曲，题目为“进行曲”，曲谱为五线谱在上、简谱在下的旋律曲谱，曲谱标记着：“G 调、2/4 拍、Marcia Vivace”。1949 年 9 月 27 日，中国人民政治协商会议第一届全体会议通过了《关于中华人民共和国国都、纪年、国歌、国旗的决议》，明确“在中华人民共和国的国歌未正式制定前，以义勇军进行曲为国歌”。当时并未对《义勇军进行曲》进行修改，主要目的是唤起人民回想祖国创建过程中的艰难忧患，鼓舞人民发扬反抗帝国主义侵略的爱国热情，把革命进行到底。9 月 29 日《人民日报》刊出了《义勇军进行曲》的词曲，词曲的标题为“义勇军进行曲”，曲谱仍是简谱和五线谱两种记谱法标记的旋律曲谱，只是简谱在上、五线谱在下，曲谱标记着：“G 调、2/4 拍”。1978 年 3 月 5 日，五届全国人大一次会议通过关于中华人民共和国国歌的决定，更改了田汉原作的歌词，改为集体填词。表面看来，只改了歌词，但实际上为适应新词，曲谱也作了三处改动。从形式上看这一曲谱，仍然采用简谱和五线谱两种记谱法标记，但与 1949 年不同的是五线谱在上，简谱在下。曲谱上还标记着：“G 调、2/4 拍、进行曲”。由于各方面对更改国歌歌词一直有不同意见，1982 年 12 月 3 日，五届全国人大五次会议决定：恢复《义勇军进行曲》为中华人民共和国国歌，撤销本届全国人大一次会议通过的决定。12 月 5 日《人民日报》及同年第 5 号《全国人民代表大会常务委员会公报》中公布了国歌的词谱，词曲的标题为“中华人民共和国国歌（义勇军进行曲）”，这一版的国歌曲谱恢复了 1949 年的曲谱，也采用了简谱在上，五线谱在下的标记法，标记了“G 调、2/4 拍”，此外还增加标记了“进行曲速度”。

《国歌法(草案)》一次审议稿附件中所载的国歌词谱是 1982 年第 5 号《全国人民代表大会常务委员会公报》公布的词谱。其中的曲谱和前述 1935 年、1949 年和 1978 年的曲谱一样,均为“旋律曲谱”。所谓“曲谱”,是指记录声乐曲或器乐曲的乐谱,是音乐作品书面的表现形式,是可供演唱或演奏的音乐文本。就声乐作品而言,“旋律曲谱”直观展现了作品的基本状态,简洁直接地记录了作曲家的创作意图。从使用角度来说,旋律曲谱的受众面广,专业音乐人士与非专业音乐人士均可使用;且适用于多种演唱或者演奏形式,如独唱、齐唱、器乐独奏或齐奏,因此其使用场合更为广泛。国歌的这一旋律曲谱采用了简谱和五线谱两种记谱法标记。五线谱和简谱分属于记谱法的不同体系。五线谱,英文为“staff”,直译为“谱表”,我国称为“五线谱”,属于音位记谱法的一种。现在国际通用的谱表样式是在欧洲记谱法长期发展过程中由纽姆谱和有量记谱法演变而来,大约 17 世纪初趋于完善,18 世纪定型,19 世纪中叶获得推广。我国最早有关五线谱的文字记载见于 1713 年清康熙敕撰的音乐论著《律吕正义》中。作为国际通用的记谱法,五线谱的特点包括:科学、系统、规范;谱面体现的信息丰富且精确;几乎能满足所有音域、乐器、音乐作品的记谱需要;国际通用、使用范围广。简谱,属于文字记谱法的一种,由法国文学家、音乐家卢梭于 1742 年根据 16 世纪在欧洲出现的用数字代表音符的记谱法发明,后由法国人加兰、帕里斯、谢威广泛推行,19 世纪末由日本传入中国。其特点是简单易学,但是在记谱方面存在一定的局限性,不适合复杂、高深的记谱要求,而且使用范围相对较小,仅在中国、日本及东南亚的一些国家使用。一般情况下,标记曲谱应当分别使用五线谱或者简谱,为何国歌的旋律曲谱要使用两种记谱法同时标记呢？据音乐专家介绍,前述 1949 年、1978 年和 1982 年的国歌曲谱,均沿袭了

1935 年报刊、书籍刊登的聂耳的手稿，聂耳之所以采取两种方法记谱，主要是因为当时五线谱的普及率不高，为了使《义勇军进行曲》得以广泛传唱，聂耳在五线谱之下又标记了简谱。

在起草和审议过程中，有的音乐家提出，1982 年《全国人民代表大会常务委员会公报》上的国歌旋律曲谱在音符、节奏方面是准确的，但没有具体的速度、力度和表情记号等曲谱的基本要素，难以充分体现国歌的形象和精神内涵，建议予以完善：一是关于速度，目前曲谱中标注的“进行曲速度”是一个比较模糊的概念，建议明确一个参考值，如每分钟 96 拍；二是关于力度标记，目前曲谱只有在歌词“起来！起来！起来！”上标注了一个渐强符号，建议在其他有关地方增加力度标记；三是关于感情记号，通常曲谱都会标注感情记号表示演奏时的情绪，建议在国歌曲谱上增加标注“庄严地”或者“庄严雄壮地”。有的音乐家提出，草案中国歌词谱的版式采用了五线谱和简谱混排的方式，不符合目前通用的曲谱排版形式，为便于实际使用，满足不同方面需要，建议将五线谱版和简谱版分排。考虑到此项工作政治性、专业性强，经与中央宣传部沟通，由中央宣传部组织中国音乐家协会及部分音乐家对国歌的词谱以及排版形式进行了审定，审定意见提出，建议仍采用 1982 年第 5 号《全国人民代表大会常务委员会公报》公布的国歌词曲谱，但简谱与五线谱不再混排，分开印制。根据这一意见，《国歌法（草案）》二次审议稿对附件中国歌词谱的版式作出了调整，形成了目前《国歌法》附件中的五线谱版、简谱版的国歌词曲谱。两个版本分附其后，既兼顾了五线谱作为传播范围广的通用记谱法的国际现状，同时也结合了简谱在我国拥有较强群众基础的实际国情，符合目前国际通用的乐谱出版规范要求，更具有实用性，也更清晰、美观。需要说明的是，考虑到在曲谱上增加标记速度、力度和表情记号等专业性较强，普通公民对这样的曲谱也难以学习掌握,因此《国歌法》附件所载的曲谱并未增加标记。《国歌法》第十条规定了国务院确定的部门组织审定、录制国歌标准演奏曲谱、国歌官方录音版本。对于音乐专家提出的建议,将随着国歌标准演奏曲谱、国歌官方录音版本的审定、录制以及发布和推广过程中予以体现。

法律的附件与法律正文具有同等法律效力,根据《国歌法》第六条规定,无论是奏国歌,还是唱国歌都应当依照《国歌法》附件所载国歌的歌词和曲谱。《国歌法》第十五条还规定,在公共场合,故意篡改国歌歌词、曲谱,要承担相应的法律责任。

二、奏唱国歌,不得采取有损国歌尊严的奏唱形式

何为"奏唱形式"?奏唱形式是指演奏形式和演唱形式。"演奏形式"包括独奏、齐奏、重奏、合奏等。"独奏"是指单独一人演奏某种乐器的演奏形式。"齐奏"是指几件乐器或管弦乐队全体演奏同一旋律的演奏形式。"重奏"是指两个或两个以上的少数人,各按自己所担任的声部同时演奏的演奏形式。按人数可分为二重奏、三重奏、四重奏、五重奏等。"合奏"是指多种乐器演奏多声部乐曲的演奏形式。按使用乐器可分为民乐合奏、弦乐合奏、管乐合奏、管弦乐合奏等。"演唱形式"包括独唱、齐唱、重唱、合唱等。"独唱"是指单独一人的演唱形式。"齐唱"是指多人演唱同一旋律的演唱形式。"重唱"是指两个或两个以上的少数人,各按自己所分任的声部同时演唱的演唱形式。按声部或人数分为二重唱、三重唱、四重唱、六重唱等。"合唱"是指集体演唱多声部音乐的演唱形式。根据人声可分为童声合唱、女声合唱、男声合唱、混声合唱。

对同一部音乐作品可以采取不同的奏唱形式,产生的效果也不同。如采取不同的配器方法对国歌进行演奏,管乐、管弦乐或者电声乐器演奏国歌效果也不同。为了维护国歌的尊严,一些国家专门对国歌奏唱的形式作出规定，如俄罗斯规定，俄罗斯联邦国歌可以在管弦乐、合唱、交响乐、歌剧或者其他演奏形式中使用。为此，可以使用录音录像以及电视和无线电设备。在俄罗斯联邦总统规定的情形下以及按照俄罗斯联邦总统规定的程序，允许在其他音乐作品和其他艺术作品中使用俄罗斯联邦国歌。新加坡规定，奏唱时将国歌纳入任何曲目或混成曲、未精确地反映国歌完整曲调和官方歌词，视为侮辱国歌的行为。

考虑到艺术形式的多样性，为了积极倡导公民和组织奏唱国歌表达爱国情感，弘扬爱国主义旋律，《国歌法》未对奏唱国歌的具体形式作出限定。但是，国歌毕竟不同于一般的音乐作品，它是国家的象征和标志，为了严肃国歌的奏唱，维护国歌的尊严，《国歌法》第六条规定，奏唱国歌，不得采取有损国歌尊严的奏唱形式，同时《国歌法》第十五条也规定，在公共场合，以歪曲、贬损方式奏唱国歌要承担相应的法律责任。"歪曲、贬损方式"主要是指故意以轻佻、极慢、极快等不适宜的形式奏唱国歌来损害国歌尊严和形象。至于实践中，何种奏唱形式有损国歌的尊严，根据《国歌法》第十四条的规定，将由县级以上各级人民政府及其有关部门进行监督管理。

在《国歌法》起草和审议过程中，有的意见提出，从文艺创作角度而言，国歌与其他文学艺术作品并无本质差别，根据我国《著作权法》的规定，允许对音乐作品进行改编，创作出具有独创性的新作品。我国音乐界尤其是音乐出版界，甚至将"配器"视为"改编"。因此，是否允许对国歌这一特殊的音乐作品进行改编，是否允许国歌歌词或者国歌的主旋律出现在其他音乐、戏剧等文艺作品中，是否需要作出必要的限制？对这一问题，立法机关进行了深入调研和研究，广泛听取了各方面的意见。大家一致认为，我国的国歌《义勇军进行曲》，是一首深受广大人民群众喜爱的音乐作品。广大文艺工作者不仅演奏、演唱国歌，还在其他文学、艺术作品中使用国歌，有的还专门创作国歌题材的艺术作品。根据各方面的意见，考虑到国歌是弘扬中华民族精神的重要载体，是进行爱国主义教育的鲜活教材，以不同艺术形式宣传、传播国歌，广泛地弘扬爱国主义精神，都是值得鼓励和提倡的。因此，《国歌法》并未禁止国歌出现在其他艺术作品中，也未禁止在其他艺术作品中对国歌的歌词和曲谱进行适当引用。但需要指出的是，无论是演奏、演唱国歌，还是适当引用国歌词谱，都不得有《国歌法》所禁止的行为，包括不得采取有损国歌尊严的奏唱形式，不得故意篡改国歌歌词、曲谱，不得以歪曲、贬损方式奏唱国歌或者以其他方式侮辱国歌，否则就要依据《国歌法》第十五条和其他有关法律承担相应的法律责任。

21 国歌作为一个音乐作品，是否允许出现在其他音乐、戏剧等艺术形式中？

答：国歌是国家的象征与标志，但它同时也是一首深受广大人民群众喜爱的音乐作品。广大文艺工作者不仅演奏、演唱国歌，还在其他文学、艺术作品中使用国歌，有的还专门创作国歌题材的艺术作品。如吴子牛导演执导了电影《国歌》，上海市歌剧院创作了音乐剧《国之当歌》，等等。国歌是弘扬中华民族精神的重要载体，是进行爱国主义教育的鲜活教材，《国歌法》并未禁止国歌出现在其他艺术作品中。因此，以不同艺术形式宣传、传播国歌，广泛地弘扬爱国主义精神，都是值得鼓励和提倡的。

有的音乐作品引用了国歌的音乐素材，如作曲家吕其明创作的交响诗《红旗颂》，描绘了新中国成立后第一面五星红旗升起的情景。在乐曲开始,小号奏出以国歌为素材的引子,形象地展现了新中国的成立,起到了很好的效果。《国歌法》对这种适当的引用,并未禁止。同样,如果在展现抗日战争题材的诗词中引用国歌的部分歌词也是可以的。

22 在艺术作品中是否需要完整使用国歌,是否允许截取引用国歌曲谱的部分小节、部分歌词用于创作其他音乐作品?

答:国歌是弘扬中华民族精神的重要载体,是进行爱国主义教育的鲜活教材,《国歌法》并未禁止国歌出现在其他艺术作品中。以不同艺术形式宣传、传播国歌,广泛地弘扬爱国主义精神,都是值得鼓励和提倡的。由于艺术形式的多样性,《国歌法》未对国歌的奏唱形式作出明确规定,只规定了不得采取有损国歌尊严的奏唱形式,故意篡改国歌歌词要承担法律责任。截取引用国歌曲谱的部分小节、部分歌词用于创作其他音乐作品,只要不损害国歌尊严,就是可以的。

23 《国歌法》对国歌的配器未作限制,是否允许用摇滚乐、流行音乐演奏国歌,是否允许对国歌进行改编?

答:采取不同的配器对国歌进行演奏,产生的艺术效果也不同。从目前正式场合奏唱国歌的情况看,一般采用管乐队或者管弦乐队的编配形式。为了体现国歌的严肃性和权威性,《国歌法》第十条规定,在《国歌法》第四条规定的场合奏唱国歌的,应当使用国歌标准演奏曲谱。标准演奏曲谱是由专业的音乐人士对旋律曲谱进行专业的编配,包括运用和声与配器的手法,标准曲谱有配器以及力度、速度和表情记号等要求。公民个人如果在家中用自己擅长的乐器如葫芦丝,按照《国歌法》附件中的旋律曲谱演奏国歌,抒发爱国情感,也是允许的。

24 国歌的词曲作者是否享有著作权?

答:我国历来重视对著作权的保护,专门制定了《著作权法》。国歌涉及的人身权和财产权的具体问题,属于民事权利的保护,不是《国歌法》规范的内容,可以依据《著作权法》的规定执行。

《国歌法》在起草过程中,较好地处理了与《著作权法》的关系:一方面,注重与《著作权法》相衔接,如附件所附国歌的词曲谱,标明了词曲作者的姓名,保护了作者的署名权;《国歌法》规定不得恶意修改国歌歌词,不得采取损害国歌尊严的奏唱形式,符合《著作权法》规定的保护作品完整权的要求。另一方面,为了维护国歌的尊严,对作者享有的著作权作出必要的限制。《义勇军进行曲》被定为国歌后,就不再是一首普通的音乐作品,它的特殊性在于,国歌在公权力范围内使用如在公开场合奏唱国歌,涉及著作权的一些民事权利要受到一定的限制和制约。如《国歌法》规定,国歌"不得作为公共场所的背景音乐",如果一般的音乐作品,是无须作此限制的,《国歌法》作此限制,主要考虑到公共场所比较广泛,一些场合不宜奏唱国歌。

根据《著作权法》的规定,国歌的复制权、发行权等的保护截止于作者死亡后第五十年的 12 月 31 日。聂耳先生去世比较早,田汉先生于 1968 年 12 月 10 日去世,对田汉先生作词的国歌复制权、发行权等的保护截止于 2018 年 12 月 31 日。在此之前,依据《著作权法》第二十二条、第二十三条的规定，在一些情况下，合理使用作品，可以不经著作权人许可，不向其支付报酬。《国歌法》第四条规定的场合应当属于合理使用的范围，不需要向著作权人付费。但国歌如果用于商业演出等用途的，都要依法向著作权人付费。

公民可免费下载中国人大网和中国政府网上的国歌标准演奏曲谱和国歌官方录音版本。国务院确定的部门组织审定曲谱和组织录制录音版本时，将严格依据《著作权法》的规定进行。

25 《国歌法》规定了哪些禁止奏唱国歌的场合和情形？

答：《国歌法》第五条虽然明确规定，国家倡导公民和组织在适宜的场合奏唱国歌，表达爱国情感。但是国歌作为国家的象征和标志，在某些不适宜的场合使用，会对国家的尊严和形象造成负面影响，应当被禁止。《国旗法》《国徽法》都对不得使用的场合作了明确规定。《国旗法》第十八条规定："国旗及其图案不得用作商标和广告，不得用于私人丧事活动。"《国徽法》第十条规定："国徽及其图案不得用于：（一）商标、广告；（二）日常生活的陈设布置；（三）私人庆吊活动；（四）国务院办公厅规定不得使用国徽及其图案的其他场合。"此外，2014 年 12 月，中共中央办公厅、国务院办公厅印发了《关于规范国歌奏唱礼仪的实施意见》（中办发〔2014〕66 号），对国歌的奏唱场合、奏唱礼仪和宣传教育提出了明确要求。其中规定私人婚丧庆悼，舞会、联谊会等娱乐活动，商业活动，非政治性节庆活动，其他在活动性质或者气氛上不适宜的场合，不得奏唱国歌。国外也有一些类似的立法情况。例如，菲律宾规定，不得以消遣、娱乐的目的奏唱、使用国歌。美国马萨诸塞州规定，国歌不得作为舞曲，或者其他歌曲的一部分。

《国歌法》结合相关法律规定和实践做法,同时考虑到规范与鼓励相结合的立法宗旨,不宜将禁止奏唱国歌的场合规定过宽,影响公民通过奏唱国歌表达爱国情感,最终确定了三类场合和情形:

第一,不得用于或者变相用于商标、商业广告。《商标法》第十条第一项规定,“同中华人民共和国的国家名称、国旗、国徽、国歌、军旗、军徽、军歌、勋章等相同或者近似的,以及同中央国家机关的名称、标志、所在地特定地点的名称或者标志性建筑物的名称、图形相同的”标志不得作为商标使用。《广告法》第九条也规定,广告不得使用或者变相使用中华人民共和国的国旗、国歌、国徽,军旗、军歌、军徽。在起草过程中,《国歌法(草案)》曾规定国歌不得用于广告,但是一些意见提出,商业广告应当禁止使用国歌,公益广告不宜禁止。作为广告主管部门的国家工商行政管理总局也提出,《广告法》第九条规范的情形主要是指商业广告,公益广告应当允许其使用国歌。因此,《国歌法》与《国旗法》、《国徽法》规定相比,进一步明确了国歌不得用于或者变相用于商业广告。

第二,不得在私人丧事活动等不适宜的场合使用。国歌是国家的象征和标志,私人丧事活动唱国歌是不适宜的,《国旗法》规定“私人丧事活动”禁止使用国旗及其图案,《国徽法》也规定了“私人庆吊”活动不得使用国徽及其图案,三个涉及国家标志的法律就“私人丧事”活动不得使用的规定是一致的。此外,在一些严重有损国家尊严或者国家形象甚至是开展违法经营活动的场合使用国歌,当然也是不适宜的,都属于《国歌法》第八条规定的“不适宜的场合”。

第三,不得作为公共场所的背景音乐等。《义勇军进行曲》被定为国歌后,它就不再是一首普通的音乐作品,它的特殊性也体现在,国歌在公权力范围内使用,如在公开场合使用国歌,涉及著作权的一些民事权利要受到一定的限制和制约。《著作权法》规定,著作权人享有向公众传播作品的广播权，而《国歌法》第八条规定国歌“不得作为公共场所的背景音乐”，之所以作此规定，主要考虑到不是所有的公共场所都适宜奏唱国歌，特别是在一些商业场所、娱乐场所作为背景音乐播放，与国歌本身作为国家象征和标志的地位不相符合，也不利于维护国歌的庄严形象。第八条中出现了两个“等”字，主要是防止实践中出现，而目前列举不尽的禁止使用的情形和禁止奏唱的场合。在起草审议过程中，有的提出应当禁止将国歌作为游戏游艺设施的背景音乐，但由于未找到此种情况的实例，《国歌法》并未明确列出，但如果出现这种情况，可包括在《国歌法》第八条规定的“等”中。

《关于规范国歌奏唱礼仪的实施意见》（中办发〔2014〕66 号）规定，私人婚丧庆悼，不得奏唱国歌，比《国歌法》的规定要宽泛。《国歌法》起草审议过程中，有的意见提出，不要限制过多，有关机关组织的集体婚礼，奏唱国歌也有利于从爱小家升华为爱国家，因此，不必一律禁止。也有的建议禁止电话、电脑、彩信、网页等提示音使用国歌，考虑到实践中这种情况并不多见，有的网页可能是宣传国歌的内容，如果完全禁止使用也不合适，禁止公民下载国歌作为电子设备的提示音，在执法上也不好操作，因此，《国歌法》均未明确禁止。

26 《国歌法》附件已明确国歌的歌谱，为什么还要规定审定国歌标准演奏曲谱？

答：《国歌法》中所附曲谱为国歌旋律曲谱，就声乐作品而言，旋律曲谱直观展现了作品的基本状态，简洁直接地记录了作曲家的创作意图。从使用角度来说,旋律曲谱的受众面广,专业音乐人士与非专业音乐人士均可使用;且适用于多种演唱或演奏形式,如独唱、齐唱、器乐独奏或齐奏,因此其使用场合更为广泛。旋律曲谱虽然可适用于多种演唱或演奏形式,但对于乐队合奏来说,因旋律曲谱没有声部分配,乐队仅能采用齐奏的形式演奏同一个旋律,不能充分发挥乐队合奏的表现力,音乐色彩不丰富、音响缺乏层次感。为达到更佳的艺术效果,需由专业的音乐人士对旋律曲谱进行专业的编配(运用和声与配器手法),以形成适用于不同器乐合奏形式的演奏曲谱。《国歌法》第十条中规定的"国歌标准演奏曲谱",特指为在正式场合规范国歌演奏,维护国歌的尊严,由国务院确定的部门组织审定的、专门编配用于器乐演奏的国歌曲谱。根据实际需要,"国歌标准演奏曲谱"应包括管乐队曲谱、管弦乐队曲谱和钢琴谱等。

各地经济社会文化发展存在差异,"一刀切"要求在第四条应当奏唱的场合,一定要有专业的乐队演奏或者伴奏是不现实的。如果有乐队现场演奏条件的,应当使用国歌标准演奏曲谱进行演奏;如果没有乐队现场演奏,有播放伴奏录音条件的,也可以使用国歌官方录音版本。如果上述条件都不具备,像电影《凤凰琴》里只有一支笛子也是可以表达出爱国情感的,如果某种单一乐器没有审定的标准演奏曲谱,可以按照《国歌法》所附的旋律曲谱进行演奏。在第四条规定以外的其他场合,是否也要使用标准演奏曲谱和官方录音版本,《国歌法》没有作硬性规定,鉴于标准演奏曲谱和官方录音版本的权威和准确,在有条件的情况下,还是应当使用。

27 制作官方录音版本的意图是什么？在举行升旗仪式时，是否都要使用这个录音版本？

答：所谓“国歌官方录音版本”，特指由国务院确定的部门组织录制国歌的音频资料。“官方录音版本”应当包括演奏版本（无人声）、演唱版本（有人声），演奏版本也可以包括管乐、管弦乐等演奏的国歌录音版本。

《国歌法》第四条规定了应当奏唱国歌的九类场合，包括全国人民代表大会会议和地方各级人民代表大会会议的开幕、闭幕；中国人民政治协商会议全国委员会会议和地方各级委员会会议的开幕、闭幕；各政党、各人民团体的各级代表大会等；宪法宣誓仪式；升国旗仪式；各级机关举行或者组织的重大庆典、表彰、纪念仪式等；国家公祭仪式；重大外交活动；重大体育赛事；其他应当奏唱国歌的场合。这些场合属于比较重大的正式场合，根据《国歌法》第十条第一款的规定，在这些场合奏唱国歌，应当使用国歌标准演奏曲谱或者国歌官方录音版本。

制作官方录音版本的意图是为了更加规范地使用国歌，避免不规范录音带来的随意性，有损国歌的尊严。鉴于标准演奏曲谱和官方录音版本的权威和准确，在举行升旗仪式时，在有条件的情况下，可以依据国歌标准演奏曲谱进行演奏，在没有条件的情况下，应该使用国歌官方录音版本。

28 为何规定外交部和国务院体育行政部门应当对外提供国歌标准演奏曲谱和官方录音版本？

答：在《国歌法》起草和审议过程中，许多部门和音乐家提出，新中国成立以来,我国正式出版的国歌曲谱有几十种,却没有明确统一的标准曲谱,奏唱国歌的速度、力度、表情记号等没有统一要求。1982 年虽然恢复了国歌原词,但 1978 年的错误曲谱仍在使用。在学校、机关、展览馆等场所,在国家级乐队演奏的音乐会、重要集会活动,在公开发行的出版物上,经常会看到、听到明显错误的《义勇军进行曲》曲谱和旋律。有的提出,国歌的配器很重要,在升国旗仪式上出现过用架子鼓演奏国歌的情况,很不严肃。有的提出,我国领导人出访时,出现过东道国乐队在欢迎仪式等活动现场演奏的我国国歌不标准,有的外国乐队使用了错误的曲谱,有的配器不能展现国歌的庄严形象。同时也存在我国驻外外交机构、涉外活动主办单位举行重大活动奏唱国歌采用的版本不一,奏唱效果参差不齐的问题。大家一致认为,为了维护国歌的尊严,应当由国家审定国歌标准演奏曲谱,录制国歌官方录音版本,并以一定形式发布。

根据上述意见,《国歌法》第十条规定,外交部及驻外外交机构应当向有关国家外交部门和有关国际组织提供国歌标准演奏曲谱和国歌官方录音版本,供外交活动中使用。国务院体育行政部门应当向有关国际体育组织和赛会主办方提供国歌标准演奏曲谱和国歌官方录音版本,供国际体育赛会使用。国歌标准演奏曲谱、国歌官方录音版本由国务院确定的部门组织审定、录制,并在中国人大网和中国政府网上发布。

所谓“国歌标准演奏曲谱”,特指为在正式场合规范国歌演奏,维护国歌的尊严,由国务院确定的部门组织审定的、专门编配用于器乐演奏的国歌曲谱。根据实际需要,“国歌标准演奏曲谱”应包括管乐队曲谱、管弦乐队曲谱和钢琴谱等。

所谓“国歌官方录音版本”,特指由国务院确定的部门组织录制国歌的音频资料。“官方录音版本”应当包括演奏版本(无人声)、演唱版本(有人声),演奏版本也可以包括管乐、管弦乐等演奏的国歌录音版本。

29 音乐家武女士准备举行一场钢琴独奏音乐会,这是一场商业演出,如想演奏国歌是否允许?要依据什么曲谱演奏?

答:《国歌法》第五条规定,国家倡导公民和组织在适宜的场合奏唱国歌,表达爱国情感。第八条规定,国歌不得用于或者变相用于商标、商业广告,不得在私人丧事活动等不适宜的场合使用,不得作为公共场所的背景音乐等。音乐家武女士准备举行一场具有商业性质的钢琴独奏音乐会,不属于第八条规定的不适宜的场合。《国歌法》第五条规定国家倡导在适宜的场合演奏国歌,因此,该音乐家在此场合想演奏国歌是可以的。

《国歌法》第十条规定,在本法第四条规定的场合奏唱国歌,应当使用国歌标准演奏曲谱或者国歌官方录音版本。该音乐家在此场合演奏国歌不属于第四条规定的场合。所谓"国歌标准演奏曲谱",特指为在正式场合规范国歌演奏,维护国歌的尊严,由国务院确定的部门组织审定的、专门编配用于器乐演奏的国歌曲谱。为了维护国歌尊严,该音乐家在演奏国歌时可以使用国歌标准演奏曲谱。

30 国歌的标准曲谱在哪里可以找到?

答:所谓"国歌标准演奏曲谱",特指为在正式场合规范国歌演奏,维护国歌的尊严,由国务院确定的部门组织审定的、专门编配用于器乐演奏的国歌曲谱。根据实际需要,“国歌标准演奏曲谱”应包括管乐队曲谱、管弦乐队曲谱和钢琴谱等。中国人大网是全国人大常委会刊载法律的官方网站,中国政府网是国务院的官方网站,是中国政府官方发布信息及开展服务的平台,因此《国歌法》第十条还规定,国歌标准演奏曲谱、国歌官方录音版本应当在中国人大网和中国政府网上发布。

第四章 国歌的宣传教育、管理

31 外交、军事场合奏唱国歌有何特殊规定？

答：《国歌法》第九条规定，外交活动中奏唱国歌的场合和礼仪，由外交部规定。军队奏唱国歌的场合和礼仪，由中央军事委员会规定。《国歌法》第九条是就外交活动中和军队奏唱国歌的场合、礼仪对外交部和中央军事委员会作出的授权性规定。

一、外交活动中奏唱国歌

目前，我国外交活动中使用国歌的场合主要有：(1)国家主席和国务院总理，分别为来华进行国事和正式访问的外国元首和政府首脑举行欢迎仪式时，演奏我国国歌和来访国国歌。(2)我国国家主席和国务院总理对外国进行国事访问和正式访问期间，外国国家元首和政府首脑举行欢迎仪式时，演奏我国国歌和往访国国歌。(3)我国领导人出访或者外国领导人访华期间，两国领导人共同出席的两国或者多边会议中的国家级大型活动，演奏我国国歌和另一国家国歌。如 2013 年 3 月，习近平主席访问俄罗斯期间，同俄总统普京在莫斯科克里姆林宫共同出席俄罗斯“中国旅游年”开幕式，现场奏中俄两国国歌。(4)驻外使领馆每年举行的国庆招待会奏唱国歌。2014 年，中办、国办印发的《关于规范国歌奏唱礼仪的实施意见》(中办发〔2014〕66号)对外事活动中国歌奏唱礼仪作了简单要求,其中规定:除遵守一般要求外,着装应当符合外事活动要求;遇接待国宾仪式或者国际性集会时,可以连奏有关国家国歌或者有关国际组织会歌。在外交活动中奏唱国歌,是外交礼仪的重要组成部分,是国家行为,事关国家领导人形象、国家与民族的尊严。正是由于外交活动的重要性和外交礼仪的特殊性,《国歌法》第九条第一款赋权外交部可以对外交活动中奏唱国歌的场合和礼仪作出专门规定。

二、军队奏唱国歌

在军队,奏唱国歌、军歌是进行思想政治教育的重要抓手,以增强人民解放军广大官兵的使命感、神圣感、礼敬感,鼓舞部队的士气。同时,军队在执行外事活动时,也严格按要求组织国歌军歌奏唱,充分展示中国军队良好形象。《中国人民解放军队列条令》《中国人民解放军内务条令》《军队奖励和表彰管理规定》《海军舰艇条令》等对国歌奏唱的场合、时机、程序、礼节、宣传教育等作了规定。《中国人民解放军队列条令》第十七条、第六十六条和第六十八条规定,军人在奏唱国歌等严肃庄重的时机和场合,应当立正;晋升(授予)军衔仪式、组织纪念仪式,须奏唱国歌。《中国人民解放军内务条令》第二十章对国旗、军旗、军徽的使用和国歌、军歌的奏唱作了专章规定,其中第四百零二条规定,国歌可以于军队举办的庆典和重要集会、军队领导人主持的外事活动和军队主办的重大国际性集会、升挂国旗时或者其他需要奏唱国歌的时机、场合奏唱。第四百零三条规定,军人奏唱国歌时,必须庄重热情,严肃认真。集会奏唱时,其礼节按照本条令第八十四条的规定执行。第八十四条规定,奏唱国歌时,应当自行立正;着军服参加外事活动,听到奏国歌时行举手礼。鉴于军队奏唱国歌的场合和礼仪有其特殊性,《国歌法》第九条第二款赋权中央军事委员可以对军队奏唱国歌的场合和礼仪作专门规定。

32 为了加强国歌的教育宣传,《国歌法》都规定了哪些具体措施?

答:加强国歌的宣传教育,鼓励广大人民群众唱国歌、爱国歌是《国歌法》立法的指导思想之一,《国歌法》为此专门作了三方面规定:第一,《国歌法》第十一条对国歌的学校教育进行了规定:"国歌纳入中小学教育。中小学应当将国歌作为爱国主义教育的重要内容,组织学生学唱国歌,教育学生了解国歌的历史和精神内涵、遵守国歌奏唱礼仪。"纳入中小学教育,不仅包括列入《音乐》教材,而且在《思想品德》《历史》等相关教材中,也要有国歌的相关知识。中小学生不仅要学唱国歌,还要学习了解国歌的历史和精神内涵,遵守国歌的奏唱礼仪。

第二,是新闻媒体的宣传教育义务。《国歌法》第十二条规定:"新闻媒体应当积极开展对国歌的宣传,普及国歌奏唱礼仪知识。"

第三,是特定节假日播放国歌。《国歌法》第十三条规定:"国庆节、国际劳动节等重要的国家法定节日、纪念日,中央和省、自治区、直辖市的广播电台、电视台应当按照国务院广播电视主管部门规定的时点播放国歌。"

33 教育要从娃娃抓起,为何未规定幼儿园也要教唱国歌?

答:对幼儿园教唱国歌,《国歌法》没有作硬性规定。主要是考虑到我国地域辽阔，学前教育未纳入义务教育进行全面深入规范管理，各地幼儿园音乐教师、音乐器材等条件参差不齐，硬性要求全体幼儿园教唱国歌的实际条件不成熟。且考虑到幼儿园的三至六岁学龄前儿童的心智发展程度和音乐学习能力，学唱国歌尚有一定的困难。按照《国歌法》第五条规定，国家倡导公民和组织在适宜的场合奏唱国歌，表达爱国情感。从这一规定可以看出，对于有条件的幼儿园举行升国旗奏唱国歌的仪式，在日常教学中教唱国歌，教育引导儿童从小养成对国家的认知，从小培养爱国情感的做法也是值得鼓励的。

34 《国歌法》为何规定在特定的日期要播放国歌？“国家法定节日、纪念日”都包括哪些？

答：我国国家法定的节日、纪念日有很多。在《国歌法》起草征求意见过程中，有的意见提出，不同的节日、纪念日所承载的历史、文化内涵和民众的情感也是不同的。在国庆节、中国人民抗日战争胜利纪念日这样的节日、纪念日播放国歌，毫无疑问是适宜的；不过在某些节日、纪念日，如清明节、中秋节，是否必须播放国歌，还是需要再斟酌考虑的。《国歌法》只规定在国庆节、国际劳动节等重要的国家法定节日、纪念日应当播放国歌，没有要求天天播放，主要考虑到重要的国家法定节日、纪念日具有集中传播社会主流价值的独特优势，在这些节日、纪念日播放国歌，更有利于公众加深对国歌深刻内涵的理解，也更有利于对国歌精神的传播。

《国歌法》第十三条规定，“国庆节、国际劳动节等重要的国家法定节日、纪念日”有关媒体应当播放国歌，除国庆节、劳动节外，还有哪些节日、纪念日播放国歌以及具体时点，将由国务院有关部门确定。目前看来，可能还包括“八一”建军节、中国人民抗日战争胜利纪念日、烈士纪念日等重要的国家法定节日、纪念日。

35 设区的市的电视台也想播放国歌，是否允许？有的频道每天都播放国歌，是否允许？

答：在我国，广播电台、电视台是向广大人民群众宣传党和国家的各项方针、政策，传播社会主义精神文明，弘扬爱国主义精神和社会主义核心价值观的重要阵地。中央和省、自治区、直辖市的广播电台、电视台是党和国家的宣传工具，是密切联系广大人民群众的纽带和桥梁。中央和省、自治区、直辖市的广播电台、电视台在对人民群众进行宣传普及方面，比其他媒体更有权威性，也负有更重要的责任。因此，虽然我国的广播电台、电视台有很多，但《国歌法》仅对中央和省、自治区、直辖市的广播电台、电视台的播放作了规定，强调了中央和省、自治区、直辖市的广播电台、电视台在重要法定节日、纪念日播放国歌的责任。根据《国歌法》第五条规定，国家倡导公民和组织在适宜的场合奏唱国歌，表达爱国情感。因此，对于设区的市的电视台也想播放国歌，是值得提倡的。

目前，我国有的频道每天都播放国歌。我国的国歌体现了居安思危的思想，如果每天播放国歌，对教育广大人民群众时刻不忘幸福安定生活来之不易，从而更加热爱祖国、尊崇国歌也是有积极作用的。因此，目前一些频道每天都播放国歌，是值得提倡的，可以继续坚持。

2017 年 9 月 29 日，国家新闻出版广电总局发出通知，在国庆节、国际劳动节等重要的国家法定节日、纪念日，中央人民广播电台、中央电视台、中国教育电视台，省、自治区、直辖市的广播电台、电视台，新疆生产建设兵团广播电视台，应当于北京时间上午10点整在其主频率、主频道播放国歌。中国国际广播电台应当在适当的时点依法播放国歌。广播电台、电视台播放国歌应当与前后节目相协调，维护国歌尊严。

36 中小学如何加强国歌的教育？

答：中小学的国歌教育是全民国歌教育的基础，当前我国公民特别是很多青少年，存在不能准确唱好国歌，对国歌的历史和内涵知之甚少的情况。为了加强国歌的教育，根据不同年龄段学生身心发展的特点和实践做法，《国歌法》第十一条对国歌的学校教育进行了规定："国歌纳入中小学教育。中小学应当将国歌作为爱国主义教育的重要内容，组织学生学唱国歌，教育学生了解国歌的历史和精神内涵、遵守国歌奏唱礼仪。"纳入中小学教育，不仅包括列入《音乐》教材，而且在《思想品德》《历史》等相关教材中，也要有国歌的相关知识。中小学生不仅要学唱国歌，还要学习了解国歌的历史和精神内涵，遵守国歌的奏唱礼仪。

37 法律规定新闻媒体有哪些宣传职责？

答：在我国，新闻、出版、广播、电影、电视等单位以及新兴媒体是向广大人民群众宣传党和国家各项方针政策、法律法规，传播社会主流价值的主渠道。鉴于新闻媒体在宣传教育中具有重要的作用和广泛的影响，为了进一步加强国歌的宣传，《国歌法》第十二条规定："新闻媒体应当积极开展对国歌的宣传，普及国歌奏唱礼仪知识。"为了发挥重要节日、纪念日集中传播社会主流价值的独特优势，《国歌法》第十三条规定："国庆节、国际劳动节等重要的国家法定节日、纪念日，中央和省、自治区、直辖市的广播电台、电视台应当按照国务院广播电视主管部门规定的时点播放国歌。"

38 县级以上各级人民政府及其有关部门如何对国歌的奏唱、播放和使用进行监督管理?

答：《国歌法》第十四条规定："县级以上各级人民政府及其有关部门在各自职责范围内，对国歌的奏唱、播放和使用进行监督管理。"由于国歌在社会各领域广泛使用，"有关部门"的范围也较为广泛，一般包括县级以上各级人民政府教育、文化、体育、公安、工商行政管理、新闻出版广电等有关部门。各有关部门依照各自的权限，在各自职责范围内对国歌的奏唱、播放和使用进行监督管理。例如，教育部门要对各级各类学校奏唱国歌的场合、奏唱国歌的礼仪规范等作出进一步细化，不定期地对中小学有关国歌的教育工作进行监督检查等。

第五章　对侮辱国歌的处罚

39 《国歌法》对哪些侮辱国歌的行为进行处罚?

答:《国歌法》第十五条规定:"在公共场合,故意篡改国歌歌词、曲谱,以歪曲、贬损方式奏唱国歌,或者以其他方式侮辱国歌的,由公安机关处以警告或者十五日以下拘留;构成犯罪的,依法追究刑事责任。"

关于《国歌法》第十五条中的"公共场合",在法律起草过程中有人提出,在网络上以及私人场合发现有侮辱国歌的行为,也应当追究其法律责任,建议删去"在公共场合"的表述。《国歌法》第十五条中的"在公共场合",指当众、公开的情境。不论是在现实的公共场所还是在互联网,当众公然侮辱国歌的行为,都会造成恶劣的社会影响,均应追究其法律责任。实践中这类行为需要通过公开传播,才能构成对国家形象、社会秩序的损害,才能追究法律责任。同时考虑到《国旗法》、《国徽法》和《刑法》关于侮辱国旗、国徽的法律责任中,都规定了在"公共场合"或"公众场合",因此保留了"在公共场合"。"公共场合"既包括人群经常聚集,供公众使用或者服务于公众活动的场所,也包括公众能够自由进入、聚集的网络虚拟空间。因此,利用网络发布、传播损害国歌庄严形象音视频的应当受到处罚。我国《网络安全法》规定,国家网信部门和有关部门依法履行网络信息安全监督管理职责,发现法律、行政法规禁止发布或者传输的信息的,应当要求网络运营者停止传输,采取消除等处置措施,保存有关记录;对来源于中华人民共和国境外的上述信息,应当通知有关机构采取技术措施和其他必要措施阻断传播。

“故意篡改国歌歌词、曲谱”是指主观为了达到侮辱、泄愤等目的修改《国歌法》所附的《义勇军进行曲》歌词、曲谱的内容。“歪曲、贬损方式”主要是指故意以轻佻、极慢、极快等不适宜的形式奏唱国歌来损害国歌尊严和形象;“其他方式侮辱国歌”是指虽然按照《国歌法》规定的歌词和曲谱来奏唱国歌,但通过不适宜的场合或者伴随动作来损害国歌的尊严和形象,如在带有侮辱性的场合奏唱国歌或者奏唱时伴随的如竖中指、吹口哨等侮辱性的行为举止。

此外,《国歌法》第十五条没有规定未遵守国歌奏唱礼仪的责任,所以一般情况下,如果未遵守国歌奏唱礼仪是不承担责任的。如在天安门广场举行升国旗奏国歌仪式时,有一些游客拍照摄像、随意走动,未遵守奏唱礼仪,并不会受到处罚。如果在不遵守国歌奏唱礼仪的情况下,同时故意篡改国歌歌词、曲谱,以歪曲、贬损方式奏唱国歌,或者以其他方式侮辱国歌的,应承担法律责任。

40 依据《国歌法》,侮辱国歌的行为,应当承担什么法律责任?

答:国歌是国家的象征和标志,对于国歌的保护就是对国家尊严的维护。为了维护国家尊严,对侮辱国歌的行为予以处罚,根据《国歌法》第十五条的规定,在公共场合,故意篡改国歌歌词、曲谱,以歪曲、贬损方式奏唱国歌，或者以其他方式侮辱国歌的，由公安机关处以警告或者十五日以下拘留；构成犯罪的，依法追究刑事责任。

41 "公共场合"是否包括网络？利用网络发布、传播损害国歌庄严形象音视频的，是否会受到处罚？对在境外通过网络发布侮辱我国国歌的情况如何处理？

答：《国歌法》第十五条所称"公共场合"，既包括人群经常聚集，供公众使用或者服务于公众活动的场所，也包括公众能够自由进入、聚集的网络虚拟空间。因此，利用网络发布、传播损害国歌庄严形象音视频的应当受到处罚。我国《网络安全法》规定，国家网信部门和有关部门依法履行网络信息安全监督管理职责，发现法律、行政法规禁止发布或者传输的信息的，应当要求网络运营者停止传输，采取消除等处置措施，保存有关记录；对来源于中华人民共和国境外的上述信息，应当通知有关机构采取技术措施和其他必要措施阻断传播。

42 《广告法》《商标法》对将国歌用于或者变相用于商标、商业广告的行为，规定了哪些处罚？

答：按照《广告法》的规定，将国歌用于或者变相用于商业广告的，应当由工商行政管理部门责令停止发布广告，对广告主处20万元以上100万元以下的罚款，情节严重的，并可以吊销营业执照，由广告审查机关撤销广告审查批准文件、一年内不受理其广告审查申请；对广告经营者、广告发布者，由工商行政管理部门没收广告费用,处20万元以上100万元以下的罚款,情节严重的,并可以吊销营业执照、吊销广告发布登记证件。按照《商标法》的规定,已经注册的商标,违反《商标法》第十条规定,将国歌用于或者变相用于商标的,或者是以欺骗手段或其他不正当手段取得注册的,由商标局宣告该注册商标无效;其他单位或者个人可以请求商标评审委员会宣告该注册商标无效。

43 外国人侮辱我国国歌,是否要受处罚?

答:《国歌法》第十五条规定了侮辱国歌应当承担的法律责任,承担责任的主体并非只限于中国公民,也包括外国人。根据我国《刑法》的规定,对在中华人民共和国领域内发生的犯罪行为,或者在中华人民共和国领域外针对我国国家的犯罪,都应当受到处罚。《治安管理处罚法》规定对违反治安管理的外国人,可以附加适用限期出境或者驱逐出境;《刑法》也规定对于犯罪的外国人,可以独立适用或者附加适用驱逐出境。

44 《国歌法》被纳入了港澳基本法[①]附件三,是基于什么考虑?有什么现实意义?

答:根据港澳基本法规定,全国性法律列入附件三后,由港澳在当地公布或立法实施。由于港澳地区没有行政拘留方面的规定,法律责任类型也与内地有所区别。1997年香港回归后,制定了《国旗

① 这里的"港澳基本法"是指《中华人民共和国香港特别行政区基本法》和《中华人民共和国澳门特别行政区基本法》。——编者注

及国徽条例》，对本地区相关国旗、国徽的行为作出特别规定。1999年澳门回归后，制定了《国旗、国徽及国歌的使用与保护》，对本地区相关国旗、国徽及国歌的行为作出特别规定。

《国旗法》《国徽法》已列入港澳基本法附件三。根据港澳基本法的规定，《国歌法》属于涉及国家主权、应在特别行政区实施的全国性法律，需要在通过后适时列入两个基本法附件三，由特别行政区在当地公布或立法实施。2017 年 11 月 4 日，第十二届全国人大常委会第三十次会议通过了将《国歌法》列入两个基本法附件三的决定。《国歌法》纳入港澳基本法附件三后，香港、澳门特区应当按照香港、澳门基本法和国歌法的规定，及时完成本地立法，全面落实国歌法的各项规定，确保国歌法在特区得到切实执行。

第三部分

《中华人民共和国国徽法》读本

第一章　国徽基础知识

1　什么是国徽?

答:国徽最早起源于欧洲中古时代的传统纹章(一种按照特定规则构成的彩色标志,专属于某个个人、家族或团体的识别物),欧洲的王国及受其影响的国家国徽多采用传统纹章的样式。一些国家亦采用简化的纹章中心盾徽作为国徽。近代以来,国徽逐渐演变成代表国家的徽章、纹章,是国家特有的标志和象征,以特定的图案形式来表现,代表着国家的主权和民族的尊严。世界各国都有自己的国徽,形状、图案各不相同。从形状上说,有的呈圆形,有的呈椭圆形,还有的呈盾形。从国徽的图案及其表达的含义来说,有的是本国重要历史事件的剪影和记录;有的反映了本国的地理面貌、自然资源和环境;有的反映了本国的政体、信仰和政治理想;有的表达了民族的自由、解放和独立等。每个国家的国徽都是其本国的象征和代表,在国际会议或国际体育中,经常用国徽来代表某个国家。

2 我国的国徽是什么?

答:1950年6月18日,第一届中国人民政治协商会议第二次会议通过中华人民共和国国徽图案及对该图案的说明。9月20日,毛泽东主席签署命令,公布中华人民共和国国徽。我国的国徽呈圆形,内容为国旗、天安门、齿轮和谷稻穗。中心部分是红底上的金色天安门城楼。城楼正中上方是一颗大的金色五角星;大星下边,以半弧形形状环拱四颗小的金色五角星。在国徽的四周,是由两把金色谷穗组成的正圆形的环。在麦稻杆的交叉点上,是一个圆形齿轮。齿轮的中心交结着红色绶带。绶带向左右绾住麦稻而下垂,把齿轮分成了上下两部分。国徽中以天安门作图案,表明中国人民从1919年"五四"运动以来进行的新民主主义革命斗争的胜利和中华人民共和国的诞生。天安门广场是我国"五四"运动的发源地,又是新中国成立时盛大集会时的场所。我国的新民主主义革命正是从"五四"运动开始到1949年中华人民共和国成立结束的。所以天安门图案表现了我国各族人民的革命传统和民族精神;国徽中用齿轮和谷穗环绕周围,表明我国的国家性质是工人阶级领导的以工农联盟为基础的人民民主国家;国徽中的五颗五角星取自国旗中的五星,象征着中国共产党领导下的人民大团结。因此,国徽象征中国人民自"五四"运动以来的新民主主义革命斗争和工人阶级领导的、以工农联盟为基础的人民民主专政的新中国的诞生。

3 其他国家的国徽都是什么样的?

答:世界上很多国家都有自己的国徽,每个国家的国徽都是其

本国的象征和代表。在国际会议或国际体育中,经常用国徽来代表某个国家。其中一些国家的国徽介绍如下:

一、美国国徽

美国国徽实际上是美国官方大纹章上的图案。印章存在美国国务院,第一次用于 1782 年。事实上,美国并未指定一个国徽图案。但纹章正面的图像实际上已经成为美国的象征,且经常出现在官方文件上,如护照。美国国徽正面图案的主要形象是象征美国的白头海雕,白头海雕是力量、勇气、自由和不朽的象征。白头海雕的双翅展开。左右鹰爪分别抓着象征和平和武力的橄榄枝和箭。鹰头目视右方,象征着期望和平。鹰嘴叼着的绶带上写着拉丁文格言"合众为一"。鹰头上方的象征着拥有主权的新生国家"光环"的蓝色背景里镶着象征美国最初 13 个州的 13 颗五角星。

二、英国国徽

即英王徽。中心图案为一枚盾徽,盾面上左上角和右下角为红底上三只金狮,象征英格兰;右上角为金底上半站立的红狮,象征苏格兰;左下角为蓝底上金黄色竖琴,象征北爱尔兰。盾徽两侧各由一只头戴王冠的代表英格兰的狮子和一只代表苏格兰的独角兽支扶着。盾徽周围用法文写着一句格言"Honi soit qui mal y pense",意为"恶有恶报";下端悬挂着嘉德勋章,饰带上用法文写着"Dieu et mon droit",意为"天有上帝,我有权利"。盾徽上端为镶有珠宝的金银色头盔、帝国王冠和头戴王冠的狮子。底部的绿底中有玫瑰(英格兰)、蓟(苏格兰)、韭葱(威尔士)以及三叶草(爱尔兰)。

三、意大利国徽

意大利国徽呈圆形。中心图案是一个带红边的五角星,象征意大利共和国;五角星背后是一个大齿轮,象征劳动者;齿轮周围由橄榄枝叶和橡树叶环绕,象征和平与强盛。底部的红色绶带上用意大利文写着“意大利共和国”。

4 为什么要制定《国徽法》?

答:新中国成立伊始,中央人民政府委员会就制定了国徽相关的使用办法,对国徽悬挂的机关和场所进行了规定。1950 年 9 月 20 日中央人民政府委员会制定了《中华人民共和国国徽使用办法》。但一直以来,没有对国徽制定专门的法律。随着我国政治、经济和文化事业的发展,这个办法中规定的许多内容已不适应实际需要,如对使用国徽及其图案的范围规定得较窄,办法中列举的许多国家机构的名称已发生变化。另外,对国徽的制作、国徽的规格和对侮辱国徽者的处罚等许多重要内容,都未规定,从而造成了实际生活中国徽及其图案的使用情况比较混乱。一些人大代表曾多次建议,为了维护国徽的尊严,增强公民的国家观念,应尽快修改原国徽使用办法,完善国徽立法。因此,为了维护国徽的尊严,及时修改现行国徽使用办法,制定一部专门的《国徽法》,是十分必要的。

1991 年 3 月 2 日第七届全国人民代表大会常务委员会第十八次会议通过了《中华人民共和国国徽法》,该法的立法目的是维护国徽的尊严,正确使用国徽。该法对国徽的使用作了具体规定,主要是两方面:一是对应当悬挂国徽的机构和场所作了规定,二是对国徽图案的使用作了规定。同时,为了维护国徽的尊严和使用国徽的严肃性,《国徽法》对在公众场合故意以焚烧、毁损、涂划、玷污、践踏等方式侮辱中华人民共和国国徽和国徽图案的法律责任,作出了明确规定。《国徽法》的立法依据是《宪法》第一百三十七条的规定。《宪法》第一百三十七条规定:“中华人民共和国国徽,中间是五星照耀下的天安门,周围是谷穗和齿轮。”制定《国徽法》时,关于国徽图案及其制作方法,考虑到原中央人民政府委员会公布的国徽图案及其制作说明无须修改,还应按照这个国徽图案及其图案说明制作,因此,原国徽图案及其制作说明在《国徽法》通过时一并公布。

第二章　国徽的悬挂和使用

5　哪些国家机关可以悬挂国徽？

答：《国徽法》第四条规定，下列机构应当悬挂国徽：(1)县级以上各级人民代表大会常务委员会；(2)县级以上各级人民政府；(3)中央军事委员会；(4)各级人民法院和专门人民法院；(5)各级人民检察院和专门人民检察院；(6)外交部；(7)国家驻外使馆、领馆和其他外交代表机构。乡、民族乡、镇的人民政府可以悬挂国徽，具体办法由省、自治区、直辖市的人民政府根据实际情况规定。国徽应当悬挂在机关正门上方正中处。

国旗、国徽、国歌作为国家的象征和标志，其主要的使用方式各有不同，国旗主要是通过升挂的形式彰显国家主权和尊严，国歌的主要使用形式则是奏唱，而国徽作为一种徽章、纹章，其主要使用方式分为两类：一类是直接悬挂在特定机构或者场所，凸显这一类机构和场所代表的国家权力；另一类是通过刻制印章或者直接印刷在出版物及其他载体上，表示国家权力的认可。《国徽法》第四条关于应当悬挂国徽的机构的规定，主要延续了1950年中央人民政府制定颁布的《中华人民共和国国徽使用办法》的规定。《中华人民共和国国徽使用办法》规定，中华人民共和国之国徽在下列各机关悬挂："(1)中央机关：中央人民政府委员会；中国人民政治协商会议全国委员会；中央人民政府政务院；中央人民政府外交部及其直属机关。(2)地方机关：各大行政区人民政府（军政委员会）；民族自治区人民政府；省、市、县人民政府及人民行政公署。(3)驻外国使馆及领事馆。"《国徽法》根据多年来的实践和机构沿革对悬挂国徽的机构作了进一步调整、规范，以下几类机构，都应当在机关正门上方正中处悬挂国徽：

一是县级以上各级人大常委会。我国《宪法》规定，中华人民共和国的一切权力属于人民。人民行使国家权力的机关是全国人民代表大会和地方各级人民代表大会。县级以上各级人大常委会是各级人民代表大会的常设机关。1979 年五届全国人大二次会议修改《宪法》并制定通过《地方各级人民代表大会和地方各级人民政府组织法》，明确规定，县级以上地方各级人大设立常委会。之后，1979 年 11 月全国人大常委会办公厅就下发了《关于县级以上地方各级人民代表大会常务委员会悬挂中华人民共和国国徽和挂机关名称牌子的通知》，规定：县级以上地方各级人民代表大会常务委员会都悬挂中华人民共和国国徽。省、自治区、直辖市人民代表大会常务委员会悬挂的国徽，直径为 80 厘米；自治州、县、自治县、市、市辖区人民代表大会常务委员会悬挂的国徽，直径为 60 厘米。

二是县级以上各级人民政府。《宪法》规定，中华人民共和国国务院，即中央人民政府，是最高国家权力机关的执行机关，是最高国家行政机关。地方各级人民政府是地方各级国家权力机关的执行机关，是地方各级国家行政机关。自 1950 年开始，县级以上各级人民政府就一直需要悬挂国徽。具体悬挂的规格，参考 1980 年《国务院办公厅关于悬挂国徽等问题给湖北省人民政府办公厅的复函》规定，省、自治区、直辖市人民政府悬挂的国徽，直径为 80 厘米；自治州、县、自治县、市、市辖区人民政府及地区行政公署悬挂的国徽，直径为60厘米。

三是中央军事委员会。《国防法》规定，中央军事委员会领导全国武装力量。具体包括统一指挥全国武装力量，决定军事战略和武装力量的作战方针，领导和管理中国人民解放军的建设，制定规划、计划并组织实施等。除了中央军委机关办公大楼悬挂国徽外，根据《国务院办公厅关于同意中央军委外事办公室综合办公楼悬挂国徽的函》(国办函〔2007〕6号)批复，中央军委外事办公室在新建成的综合办公楼也悬挂国徽。国徽直径为80厘米。

四是各级人民法院和专门人民法院。根据《宪法》规定，人民法院是国家的审判机关，包括最高人民法院、地方各级人民法院和军事法院等专门人民法院。其中，专门人民法院还包括知识产权法院、海事法院等。《最高人民法院关于法庭的名称、审判活动区布置和国徽悬挂问题的通知》规定，人民法院和人民法庭机关正门上方正中处悬挂国徽；国徽直径的通用尺度为基层人民法院、人民法庭：60厘米；中级人民法院：60厘米；高级人民法院：80厘米；最高人民法院：100厘米。

五是各级人民检察院和专门人民检察院。根据《宪法》规定，人民检察院是国家的法律监督机关，包括最高人民检察院、地方各级人民检察院和军事检察院等专门人民检察院。《最高人民检察院关于各级检察机关升挂国旗悬挂国徽的通知》进一步规定，在各级人民检察院、专门人民检察院机关正门上方正中处悬挂国徽；国徽直径的通用尺度为基层人民检察院(含同级专门人民检察院)：60厘米；省辖市人民检察院、人民检察院分院(含同级专门人民检察院)：60厘米；省、自治区、直辖市人民检察院：80厘米；最高人民检察院：100厘米。

六是外交部。外交部作为国家的外交主管部门,代表国家维护国家主权、安全和利益,代表国家和政府办理外交事务,承办党和国家领导人与外国领导人的外交往来事务。在处理外交事务过程中,外交部就代表了国家的主权和形象,因此,从 1950 年的《中华人民共和国国徽使用办法》到 1991 年的《国徽法》,在国务院组成部门中都明确规定了外交部应当悬挂国徽。

七是国家驻外使馆、领馆和其他外交代表机构。国家在外国派驻的使领馆和其他外交代表机构,在外代表国家利益,负责两国关系,促进两国的政治、经济、文化、教育、科技、军事等方面的关系,同时承担相关领事职能,如维护本国公民和法人在外国的合法权益,向本国公民颁发或延期护照、向外国公民颁发签证等。作为我国位于国外的主权象征,国家驻外使馆、领馆和其他外交代表机构应当悬挂国徽。

6 天安门城楼不是政府机关楼,为什么要悬挂国徽?

答:我国国徽图案的正中间就是五星照耀下的天安门。天安门,坐落在中华人民共和国首都北京市的中心、故宫的南端,与天安门广场以及人民英雄纪念碑、毛主席纪念堂、人民大会堂、中国国家博物馆隔长安街相望,占地面积 4800 平方米,以杰出的建筑艺术和特殊的政治地位为世人所瞩目。虽然没有法律明确规定,但 1949 年 10 月 1 日,在这里举行了中华人民共和国开国大典,由此被设计入国徽,并成为中华人民共和国的象征。天安门城楼在我国具有特殊的象征地位,特别是作为开国大典的举行地,其象征着中国人民自“五四”运动以来的新民主主义革命斗争和工人阶级领导的以工农联盟为基础的人民民主专政的新中国的诞生。天安门有 500 多年厚重的历史内涵，高度浓缩的中华古代文明和现代文明，同时它还是新中国的象征和无与伦比的政治瞩目和神往，成为世界和中国各族人民向往的地方。北京天安门城楼因其特殊的政治象征地位而应当悬挂国徽。

7 为什么一些单位公章中间没有国徽图案，哪些机构的印章可以用国徽呢？

答：现代国家的国徽来源于中世纪欧洲家族的徽章、纹章，其与国旗、国歌相比，具有很独特的一项功能，即作为印章印在相关文书上，表示国家权力对相关内容的认可。因此，只有法定和经过批准的特定机构的印章才可以使用国徽图案，其他机关的印章中间一般只能使用五角星图案。所以在很多单位公章中间没有国徽图案。《国徽法》第六条规定的印章中可以使用国徽图案的机构有四类：

一是全国人民代表大会常务委员会，国务院，中央军事委员会，最高人民法院，最高人民检察院。全国人大常委会是最高国家权力机关的常设机关，国务院是最高国家行政机关，中央军事委员会领导全国武装力量，最高人民法院是最高审判机关，最高人民检察院是最高检察机关，以上五个机构是《宪法》规定的中央层面的最高级别的国家机关，其印章理应刻有国徽图案。例如，国务院的印章，直径 6 厘米，中央刊国徽，国徽外刊机关名称，自左而右环行，由国务院自制。

二是全国人民代表大会各专门委员会和全国人民代表大会常务委员会办公厅、工作委员会，国务院各部、各委员会、各直属机构、国务院办公厅以及国务院规定应当使用刻有国徽图案印章的办事机构,中央军事委员会办公厅以及中央军事委员会规定应当使用刻有国徽图案印章的其他机构。全国人大目前设有民族委员会、法律委员会、财政经济委员会、教育科学文化卫生委员会、外事委员会、华侨委员会,内务司法委员会、环境与资源保护委员会、农业与农村委员会等专门委员会,其基本职能就是在全国人民代表大会和全国人民代表大会常务委员会领导下,研究、审议和拟订有关议案。全国人民代表大会常务委员会办公厅,是常委会的综合服务机构,设秘书局、联络局、外事局、新闻局、信访局、人事局、离退休干部局、人民大会堂管理局、机关事务管理局等。全国人民代表大会常务委员会工作委员会包括法制工作委员会、预算工作委员会、香港基本法委员会、澳门基本法委员会。国务院系统的部门除《国徽法》第六条规定的国务院各部、各委员会、各直属机构、国务院办公厅以外,国务院还可以具体规定其他应当使用刻有国徽图案印章的其他机构,例如,根据《国务院关于部委管理的国家局与主管部委关系问题的通知》(国发〔1998〕12 号)规定,部委管理的国家局使用带国徽的印章,印章规格按国务院办公厅规定办理。根据《国务院关于国家行政机关和企业事业单位社会团体印章管理的规定》(国发〔1999〕25 号)规定,国务院直属事业单位的印章,经国家机构编制管理部门认定具有行政职能的单位的印章中央刊国徽。

三是县级以上地方各级人民代表大会常务委员会、人民政府、人民法院、人民检察院,专门人民法院,专门人民检察院。1979 年法律规定在县级以上地方各级人大设立常委会后,全国人大常委会办公厅就下发了《关于县级以上地方各级人民代表大会常务委员会印章的规定》,明确省、自治区、直辖市人民代表大会常务委员会的印章,直径 5 厘米,中间刊国徽,国徽外面刊机关名称,自左向右环行，由全国人民代表大会常务委员会制发。自治州、县、自治县、市、市辖区人民代表大会常务委员会的印章，直径4.5厘米，中间刊国徽，国徽外面刊机关名称，自左向右环行，由省、自治区、直辖市人民代表大会常务委员会制发。《国务院关于国家行政机关和企业事业单位社会团体印章管理的规定》（国发〔1999〕25号）也明确规定，各省、自治区、直辖市人民政府的印章直径5厘米，中央刊国徽、国徽外刊机关名称，自左而右环行，由国务院制发。自治州、市、县级（县、自治县、县级市、旗、自治旗、特区、林区，下同）和市辖区人民政府的印章，直径4.5厘米，中央刊国徽，国徽外刊机关名称，自左而右环行，由省、自治区、直辖市人民政府制发。需要注意的是，《国徽法》第六条规定的地方各级人大常委会、人民政府、法院和检察院，均为县级以上才可以在印章中使用国徽图案。乡（镇）人民政府的印章，中央不使用国徽图案，而是刊五角星，五角星外刊机关名称。

四是国家驻外使馆、领馆和其他外交代表机构。涉及外交的部门和机构的印章上应当刻有国徽图案，其中，外交部已经涵盖在了《国徽法》第六条第二项规定中，因此，《国徽法》第六条第四项仅对驻外使领馆和其他代表机构作了规定。外交部制定并经国务院批准的《对外使用国徽图案的办法》中，对于涉外部门印章中使用国徽图案有进一步规定，包括外交部办公厅和有关业务部门；国务院各有关部、委外事司（局）；各省、自治区、直辖市人民政府的外事办公室；计划单列市、经济特区和沿海开放城市人民政府的外事办公室；国家驻外使馆和常驻联合国代表团的领事、经济、商务、军事、文化、科技、教育等业务主管部门；国家办理签证的机关和签发出境入境证件的机关。

8 人民法院和专门人民法院的审判庭的国徽是如何悬挂的?

答:人民法院和专门人民法院的审判庭的国徽悬挂有专门的文件予以规定。人民法院的职权要通过审判活动具体实现,而审判庭也不同于一般的办公室,而是人民法院履行审判权、开展审判活动的专门场所。《最高人民法院关于法庭的名称、审判活动区布置和国徽悬挂问题的通知》规定,审判法庭是人民法院严格按照法律规定的诉讼程序依法开庭审理各类案件的法定场所。人民法院用于审判工作的整体建筑称为"审判法庭",其中专门用于开庭审理案件的房间称"法庭"并冠于序数,为第一法庭、第二法庭等。与法院其他建筑相对独立的审判法庭正门上方正中处悬挂国徽;人民法院和人民法庭机关正门上方正中处悬挂国徽;调解室、接待室内不悬挂国徽。

9 乡、民族乡、镇的人民政府可以悬挂国徽吗?

答:乡、民族乡、镇的人民代表大会举行会议时可以在会场悬挂国徽。《国徽法》第四条规定,下列机构应当悬挂国徽:(1)县级以上各级人民代表大会常务委员会;(2)县级以上各级人民政府;(3)中央军事委员会;(4)各级人民法院和专门人民法院;(5)各级人民检察院和专门人民检察院;(6)外交部;(7)国家驻外使馆、领馆和其他外交代表机构。乡、民族乡、镇的人民政府可以悬挂国徽,具体办法由省、自治区、直辖市的人民政府根据实际情况规定。

考虑到乡、民族乡、镇的人民政府作为最基层的人民政府,情况比较复杂，特别是有的地方经济比较落后，可能不具备悬挂国徽的实际条件，因此，《国徽法》第四条规定的是乡、民族乡、镇的人民政府可以悬挂国徽，具体办法由省、自治区、直辖市的人民政府根据实际情况规定。实践中，目前许多乡镇的人民政府也都悬挂国徽。《国徽法》第四条没有对基层的人民代表大会作出规定，主要考虑到只有县级以上的人民代表大会才设有常务委员会，具有一个机关实体，而乡镇人大通常只有常设主席、副主席，没有常设机构。但是，《全国人民代表大会常务委员会办公厅关于执行〈中华人民共和国国徽法〉第九条有关规定的通知》规定，乡、民族乡、镇的人民代表大会举行会议时可以在会场悬挂国徽。

10 我国政治协商会议的机关或者会场需要悬挂国徽吗？

答：我国政治协商会议的机关或者会场不需要悬挂国徽。《国徽法》第四条规定，下列机构应当悬挂国徽：(1)县级以上各级人民代表大会常务委员会；(2)县级以上各级人民政府；(3)中央军事委员会；(4)各级人民法院和专门人民法院；(5)各级人民检察院和专门人民检察院；(6)外交部；(7)国家驻外使馆、领馆和其他外交代表机构。乡、民族乡、镇的人民政府可以悬挂国徽，具体办法由省、自治区、直辖市的人民政府根据实际情况规定。

以上悬挂国徽的机构，大多数为《宪法》明确规定的国家机构。《国徽法》与《国旗法》不同，没有要求在政治协商会议的机关或者会场悬挂国徽。这是因为国旗、国徽虽然都是国家的象征和标志，但是从各国普遍规定来看，性质略有不同。国旗的使用范围更广泛，特别是通过升国旗、奏唱国歌的仪式，在公民中传达一种爱国主义精神，而国徽一般都仅限于国家机构使用，凸显国家权力。中国人民政治协商会议是中国人民爱国统一战线的组织，是中国共产党领导的多党合作和政治协商的重要机构，是中国政治生活中发扬社会主义民主的一种重要形式，但它不是国家机构，也不行使国家权力，因此不能悬挂国徽。政协会议悬挂中国人民政治协商会议的会徽，以红光闪闪的一颗五角星、迎风飘扬的四面红旗和白色地球衬托的红色中国地图为中心，光芒四射的蔚蓝色天幕作背景，周围是红色缎带连接起来的瓦蓝色齿轮和金黄色麦穗。整个图案庄严富丽，具有深刻的政治内涵。政协会徽体现了"无产阶级领导的、以工农联盟为基础的各民主阶层大团结"的精神。

11 我公司要印制一些宣传品，赠送给国外的客户，可以印上国徽吗？

答：公司印制的宣传品不可以印上国徽。《国徽法》第七条规定，下列文书、出版物等应当印有国徽图案：(1)全国人民代表大会常务委员会、中华人民共和国主席和国务院颁发的荣誉证书、任命书、外交文书；(2)中华人民共和国主席、全国人民代表大会常务委员会委员长、国务院总理、中央军事委员会主席、最高人民法院院长和最高人民检察院检察长以职务名义对外使用的信封、信笺、请柬等；(3)全国人民代表大会常务委员会公报、国务院公报、最高人民法院公报和最高人民检察院公报的封面；(4)国家出版的法律、法规正式版本的封面。《国徽法》第七条是关于应当印有国徽图案的文书、出版物的规定。《国徽法》第三条规定，中华人民共和国国徽是中华人民共和国的象征和标志。因此，根据国家权力发出的文书、印刷的出版物，应当印上国徽图案，以示国家权威。

一、全国人大常委会、国家主席、国务院颁发的荣誉证书、任命书、外交文书

1. 荣誉证书类。《宪法》第六十七条和《国家勋章和国家荣誉称号法》第六条规定，全国人大常委会决定授予国家的勋章和荣誉称号；《宪法》第八十条和《国家勋章和国家荣誉称号法》第七条规定，国家主席根据全国人大常委会的决定，向国家勋章和国家荣誉称号获得者授予国家勋章、国家荣誉称号奖章，签发证书；《国家勋章和国家荣誉称号法》第八条规定，国家主席进行国事活动，可以直接授予外国政要、国际友人等人士“友谊勋章”。关于国家勋章和荣誉称号的授予范围，《国家勋章和国家荣誉称号法》规定，国家设立“共和国勋章”，授予在中国特色社会主义建设和保卫国家中作出巨大贡献、建立卓越功勋的杰出人士；国家设立“友谊勋章”，授予在我国社会主义现代化建设和促进中外交流合作、维护世界和平中作出杰出贡献的外国人；国家设立国家荣誉称号，授予在经济、社会、国防、外交、教育、科技、文化、卫生、体育等各领域各行业作出重大贡献、享有崇高声誉的杰出人士。共和国勋章和国家荣誉称号，由全国人大常委会决定、国家主席签发证书并颁授，是最高国家权力机关意志的体现，共和国勋章还是国家最高荣誉；友谊勋章，由国家主席在国事活动中直接授予，是国家元首代表国家的行为。因此，在与这些勋章有关的荣誉证书上，应当印有国徽图案，代表国家的权威和意志。

2. 任命书类。根据《宪法》和有关国家机关组织法的规定，全国人大常委会决定有关人员的人选或者任免，国家主席、国务院总理分别任免或任命有关人员。根据《国徽法》第七条规定，全国人大常委会、国务院如果对有关人员的任命颁发任命书，应当在任命书上印有国徽图案。

3. 外交文书类。外交文书又称外交文件,是进行国际联络和外事活动使用的专用文书。使用于国家及其外交机关、派出机构、外交代表与他国及其外交主管机关之间,或国家与联合国等国际组织之间,有国书、照会、外交公报、全权证书等多种类型。但并非所有外交文书都应当印制国徽图案,只有全国人大常委会、国家主席、国务院颁发的外交文书,才应当印制。如派遣或召回大使时,由国家主席致接使国元首的正式文书,由国家主席签署、外交部长副署,就应当印制国徽图案。

二、中央国家机构领导有关信封、信笺、请柬

中华人民共和国主席是中华人民共和国的国家元首,也是国家机构之一。全国人大常委会委员长负责主持全国人民代表大会常务委员会会议和常务委员会的工作,是中华人民共和国重要的党和国家领导人。国务院总理是中华人民共和国的政府首脑。中央军事委员会领导全国武装力量,实行主席负责制。最高人民法院院长是中华人民共和国首席大法官,最高人民检察院检察长是中华人民共和国首席大检察官。因此,上述人员以其职务名义对外发信、发请柬,代表的是国家机构的行为,其信封、信笺和请柬上理应印制国徽图案。如国家主席、国务院总理关于为外国元首、政府首脑举行欢迎宴会的请柬,其封面就印制有国徽图案。

三、中央国家机关的公报封面

国家机关公报是国家机关公开发布重大事件或重要决定事项的官方出版物,具有权威性。《全国人民代表大会常务委员会公报》主要登载全国人民代表大会及其常务委员会通过的法律、决定、决议、报告、人事任免以及国务院、中央军事委员会、最高人民法院、最高人民检察院的工作报告和检查法律执行情况的报告,是全国人大及其常委会宣传民主法制建设、宣传人民代表大会制度的重要刊

物。《立法法》规定,在《全国人民代表大会常务委员会公报》上刊登的法律文本为标准文本,进一步明确了《全国人民代表大会常务委员会公报》的法律地位。《国务院公报》集中、准确地刊载了国务院公布的行政法规和决定、命令等文件;国务院批准的有关机构调整、行政区划变动和人事任免的决定;国务院各部门公布的重要规章和文件;国务院领导同志批准登载的其他重要文件。《立法法》规定,在《国务院公报》上刊登的行政法规和规章文本为标准文本。在《国务院公报》上刊登的各类公文与正式文件具有同等效力。《最高人民法院公报》和《最高人民检察院公报》,是最高人民法院和最高人民检察院的官方公报,用于刊载重要法律、司法解释、司法文件、任免事项、文献和案例等。这些公报代表中央国家机关,上面刊载的都是具有法律效力的文件,代表国家意志,因此应当在其封面印制国徽图案。

四、国家出版的法律、法规正式版本的封面

在我国,法律由全国人大及其常委会制定,由国家主席签署主席令予以公布。法规分为行政法规和地方性法规,行政法规由国务院制定,国务院总理签署国务院令公布;地方性法规由省、自治区、直辖市、设区的市、自治州人大及其常委会制定。法律、法规是经最高国家权力机关、最高行政机关和省、自治区、直辖市、设区的市、自治州的地方国家权力机关制定的,是人民意志和国家权力的体现,因此,由国家出版的法律、法规正式版本的封面,应当印制国徽图案,增强其权威性。但是,个人和其他组织自行印制的法律、法规版本,不得印制国徽图案。

第三章　国徽的使用要求

12 不同机关大楼外挂的国徽有大有小,可以随意使用吗?

答:不同机关大楼外挂的国徽有大有小,不可以随意使用。《国徽法》第十二条对一般情况下悬挂国徽的直径的通用尺度作了规定。悬挂国徽的直径的通用尺度包括下列三种:(1)100 厘米;(2)80 厘米;(3)60 厘米。实践中,政府、法院、检察院系统通过发布规范性文件,对本系统内的各级国家机关悬挂国徽的具体直径作了区分,主要是根据国家机关的不同级别,规定了相对应的不同直径尺度的国徽。

一、关于悬挂国徽的直径通用尺度

(一)县级以上地方各级人民政府悬挂的国徽直径

国务院在 1980 年 7 月 7 日发布的《国务院办公厅关于悬挂国徽等问题给湖北省人民政府办公厅的复函》中,对县级以上地方各级人民政府悬挂国徽的直径作了规定:省、自治区、直辖市人民政府悬挂的国徽,直径为 80 厘米;自治州、县、自治县、市、市辖区人民政府及地区行政公署悬挂的国徽,直径为 60 厘米。县以上各级人民政府悬挂的国徽由国务院统一制发。

(二)各级人民法院悬挂的国徽直径

1993 年 12 月 8 日,最高人民法院向各省、自治区、直辖市高级人民法院发布了《最高人民法院关于法庭的名称、审判活动区布置和国徽悬挂问题的通知》(法发〔1993〕41号),通知中规定,各级人民法院悬挂国徽直径的通用尺度为基层人民法院、人民法庭悬挂的国徽,直径为60厘米;中级人民法院悬挂的国徽,直径为60厘米;高级人民法院悬挂的国徽,直径为80厘米;最高人民法院悬挂的国徽,直径为100厘米。

(三)各级人民检察院悬挂的国徽直径

最高人民检察院于1994年2月23日发布了《最高人民检察院关于各级检察机关升挂国旗悬挂国徽的通知》,要求各省、自治区、直辖市人民检察院按照通知的规定,根据检察院的级别悬挂相应直径的国徽。各级人民检察院悬挂国徽直径的通用尺度为基层人民检察院(含同级专门人民检察院)悬挂的国徽,直径为60厘米;省辖市人民检察院、人民检察院分院(含同级专门人民检察院)悬挂的国徽,直径为60厘米;省、自治区、直辖市人民检察院悬挂的国徽,直径为80厘米;最高人民检察院悬挂的国徽,直径为100厘米。

二、关于在特定场所悬挂非通用尺度国徽

一般情况下,在有关场合悬挂的国徽直径应当是《国徽法》规定的通用尺度。在特殊情况下,在特定场所需要悬挂非通用尺度国徽的,需要履行特定的批准手续。《国徽法》第十二条所说的特定场所,主要是指《国徽法》第四条、第五条规定的应当悬挂国徽的机构和场所,以及根据《国徽法》第九条由全国人民代表大会常务委员会办公厅或者国务院办公厅会同有关主管部门规定需要悬挂国徽的其他场所。非通用尺度的国徽,是指其直径不是60厘米、80厘米或100厘米的国徽。悬挂非通用尺度的国徽,主要是由于悬挂国徽的场所过大或过小,需要悬挂与场所大小相匹配的国徽。比如,人民大会堂东门上悬挂的国徽,最大处直径约为6.3米,悬挂这一大型国徽，主要是为了与人民大会堂高大的建筑结构与恢宏的气势相适应。悬挂非通用尺度的国徽，需要履行特定的批准手续，即报国务院办公厅批准，国务院办公厅是这一事项的主管部门，其他单位需要悬挂非通用尺度的国徽，均须报国务院办公厅批准。《最高人民法院关于法庭的名称、审判活动区布置和国徽悬挂问题的通知》中也规定，人民法院如遇特殊情况需悬挂非通用尺度国徽时，应按《国徽法》的规定上报批准，即报国务院办公厅批准。

13 国徽需要指定企业制作吗?

答：悬挂的国徽由国家指定的企业统一制作。《国徽法》第十二条规定，悬挂的国徽由国家指定的企业统一制作。悬挂的国徽是指根据《国徽法》第四条、第五条的规定，在县级以上各级人民代表大会常务委员会、县级以上各级人民政府、中央军事委员会、各级人民法院和专门人民法院、各级人民检察院和专门人民检察院、外交部、国家驻外使馆、领馆和其他外交代表机构以及乡、民族乡、镇的人民政府等机构悬挂的国徽，在北京天安门城楼、人民大会堂、县级以上各级人民代表大会及其常务委员会会议厅、各级人民法院和专门人民法院的审判庭、出境入境口岸的适当场所等场所悬挂的国徽，以及根据《国徽法》第九条由全国人民代表大会常务委员会办公厅或者国务院办公厅会同有关主管部门规定需要悬挂国徽的其他场所，比如，国务院办公厅于 2007 年在《国务院办公厅关于同意中央军委外事办公室综合办公楼悬挂国徽的函》（国办函〔2007〕6 号）中批准中央军委外事办公室综合办公楼悬挂国徽，国徽直径为 80 厘米。这些机构属于国家机构，这些场所属于国家机构的办公场所或代表国家形象的神圣场所，在这些机构和场所悬挂的国徽，应当统一制作，确保样式、材质、规格的一致性，保证悬挂用国徽的制作质量，以维护国家机构的权威，维护国徽的神圣和尊严。因此，《国徽法》第十二条规定，悬挂的国徽由国家指定的企业统一制作。对于国徽的材质，《国徽法》未作规定，实践中主要有木质、金属质国徽。关于制作国徽的企业，国务院办公厅于 1997 年发布《关于指定北京印钞厂等四厂家为悬挂用国徽的制作企业的通知》(国办发〔1997〕13 号)，指定了北京印钞厂等四家企业作为悬挂国徽的制作企业。2006 年，国务院办公厅又发布《关于指定悬挂用国徽制作企业的通知》(国办函〔2006〕12 号)(以下简称《通知》)，为适应社会主义市场经济的发展，针对国徽的制作和管理中出现的一些新情况，对国徽制作企业重新进行了指定，具体指定天津三五二二工厂、河北廊坊天平国徽厂、辽宁沈阳市亚东徽标制造有限责任公司、安徽兴皖玻璃钢制品有限公司、浙江温州市吴氏金属制品有限公司、浙江苍南县华徽铝业有限公司等六家企业为悬挂用国徽的制作企业。《通知》同时要求指定的企业要严格按照《国徽法》和国家标准制作悬挂用国徽，并切实做好售后服务工作；有关地区和部门要加强对国徽制作质量的监督和管理；对违反规定的，要取消其制作资格。《通知》还规定，未经指定的企业不得制作悬挂用国徽；原指定企业本次未重新获得指定的，不得再制作悬挂用国徽，这意味着，国务院办公厅 1997 年通知里指定的四家企业自 2006 年起已不具备继续制作悬挂用国徽的资格。

14 为了节约考虑，破损的国徽可以继续悬挂吗？

答：《国徽法》第十一条规定，不得悬挂破损、污损或者不合规格的国徽。即使为了节约考虑，也不能将破损的国徽继续悬挂。

《国徽法》第三条规定："中华人民共和国国徽是中华人民共和国的象征和标志。一切组织和公民,都应当尊重和爱护国徽。"国徽是国家的标志,与国旗、国歌一样,是国家的象征之一,代表国家的主权和尊严。尊重和爱护国徽,是法律规定的每个公民和组织的神圣义务。在任何时候,都要庄重、严肃地对待国徽,尊重和爱护国徽,依法使用国徽。悬挂国徽是公民和组织抒发爱国主义情感的一种方式,是国家观念和爱国意识强的表现。为了维护国家的主权和尊严,增强公民的国家观念和爱国意识,加强爱国主义教育,有必要对国徽的悬挂依法进行规范,悬挂国徽应当遵循《国徽法》的有关规定。《国徽法》第四条、第五条、第十二条对悬挂国徽的机构、场所、通用尺度等分别作出规范。

根据《国徽法》规定,在法定以及其他规定场所和机构悬挂国徽时,不得使用破损、污损或者不合规格的国徽。依法使用完整、洁净、符合规格的国徽,切实维护国徽尊严,是尊重国徽和维护国家尊严的法定要求。《国徽法》第十四条规定:"县级以上各级人民政府对国徽的使用,实施监督管理。"根据这一规定,地方各级人民政府负责本行政区域内国徽使用的监督管理,对悬挂使用破损、污损或者不合规格国徽的,要责成有关单位迅速更换和纠正。

15　国徽可以用于私人场合吗?

答:国徽是国家的象征和标志,代表国家的主权和尊严。国徽的这一特性决定了国徽不是一般的徽章和图案,国徽及国徽上的图案都被赋予了特殊的象征意义,因此,国徽必须用于庄重而严肃的场合,不得随意使用。对国徽的不适当使用,损害的不仅仅是国徽的尊严,更是国家的尊严。《国徽法》第十条规定,国徽及其图案不得用于:(1)商标、广告;(2)日常生活的陈设布置;(3)私人庆吊活动;(4)国务院办公厅规定不得使用国徽及其图案的其他场合。因此,我们一定要注意以正确、适当的方式使用国徽及其图案。《国徽法》第十条对禁止使用国徽及其图案的情形作了具体规定。

一、国徽及其图案不得用作商标和广告

商标和广告都是商业活动的具体形式,商业活动以营利为目的,在商业活动中使用国徽,与国徽是国家的象征和标志,代表国家的主权和尊严这一特性不符,有损国徽的庄严性,因此,《国徽法》明文禁止在商标和广告中使用国徽及其图案。

(一)关于国徽及其图案不得用作商标

商标是用以区别不同生产经营者所提供的商品或者服务的标志。除了《国徽法》,有关国际公约和我国《商标法》也对国徽不能作为商标使用作了明确规定。例如,《保护工业产权巴黎公约》第六条之三规定:本公约成员国的国旗、国徽、表明实施国家管制和保证的官方标志、检验印记及政府间国际组织的标志均不得作为商标注册和使用。《商标法》第十条规定:"下列标志不得作为商标使用:(一)同中华人民共和国的国家名称、国旗、国徽、国歌、军旗、军徽、军歌、勋章等相同或者近似的,以及同中央国家机关的名称、标志、所在地特定地点的名称或者标志性建筑物的名称、图形相同的;(二)……"与《国徽法》相比,除了均规定了国徽图案不得作为商标使用之外,《商标法》更进一步明确地规定了与国徽相近的图案也不得作为商标使用。与国徽相近的图案,既包括国徽图案的变形,也包括与国徽图案近似的、容易引起混淆,或者虽与国徽图案不完全一致,但明显可以看出与国徽图案的全部或局部元素近似的图案。

(二)关于国徽及其图案不得用作广告

广告是为了某种特定的需要,通过一定形式的媒体,公开而广泛地向公众传递信息的宣传手段。《国徽法》第十条中所说的广告是指狭义的广告,即由商品经营者或者服务提供者承担费用,通过一定媒介和形式直接或者间接地介绍自己所推销的商品或者所提供的服务的商业广告。对于那些不以营利为目的的广告,如为了弘扬社会主旋律、宣传正能量而拍摄的不以营利为目的的公益广告,并不受《国徽法》第十条规定的限制,是可以使用国徽及其图案的。除了《国徽法》第十条的规定,《广告法》也对不得使用国徽的情形作了明确规定。《广告法》第九条规定:“广告不得有下列情形:(一)使用或者变相使用中华人民共和国的国旗、国歌、国徽,军旗、军歌、军徽;(二)……”国徽是国家的象征和标志,在商业广告中使用国徽,是一件极不严肃的事情,将会极大损害国徽的尊严。与《国徽法》相比,除了均规定不得在广告中使用国徽,《广告法》还进一步规定禁止在广告中变相使用国徽。变相使用是指没有直接使用国徽及其图案,而是对国徽及其图案作了变形,又能明显看出国徽及其图案的全部或部分元素,从而在广告中加以使用。此外,行政法规对广告中不得使用国徽也作了规定,国务院发布的《广告管理条例》第八条规定,广告有下列内容之一的,不得刊播、设置、张贴:“……(三)有中国国旗、国徽、国歌标志、国歌音响的……”

二、国徽及其图案不得用于日常生活的陈设布置

国徽是国家的象征和标志,国徽及其图案的使用应当符合国徽的性质和特性,只能用于严肃、庄重的场合。国徽图案象征中国人民自“五四”运动以来的新民主主义革命斗争和工人阶级领导的、以工农联盟为基础的人民民主专政的新中国的诞生。在平时工作、学习、娱乐等活动中,使用国徽或者国徽的图案,是非常不严肃的,是《国徽法》所禁止的。

三、国徽及其图案不得用于私人庆吊活动

国徽是国家的象征和标志，为了体现国徽的严肃性和权威性，《国徽法》第十条规定，国徽及其图案不得用于私人庆吊活动。私人庆吊活动属于私人行为，即私人的喜事和丧事。在私人庆吊活动中使用国徽及其图案，极不严肃。有一点需要注意，党和国家领导人，以及其他生前为国家作出卓越贡献的人士，由国家成立的治丧机构举行丧葬活动，不属于《国徽法》第十条规定的私人庆吊活动，不受该条规定的限制，根据场合布置的需要，可以使用国徽及其图案。在这些为国家作出卓越贡献的人士的丧葬活动中允许使用国徽，是对其生前作出的巨大贡献的褒奖，与国徽所要传达的精神内涵是一致的。

四、国务院办公厅规定不得使用国徽及其图案的其他场合

为了维护国徽的尊严，防止挂万漏一，《国徽法》第十条还对国务院办公厅作了授权，由国务院办公厅对不得使用国徽及其图案的其他场合作出规定。

总之，使用国徽及其图案时，需要掌握的基本原则就是不得损害国徽的庄重性、严肃性。

16 外交场合使用国徽有什么规定吗？

答：《国徽法》第八条规定，外事活动和国家驻外使馆、领馆以及其他外交代表机构对外使用国徽图案的办法，由外交部规定，报国务院批准后施行。外事活动和国家驻外使馆、领馆以及其他外交代表机构对外使用国徽图案有其特殊性，且情形较多，在《国徽法》中难以对此作出具体的规定，因此授权外交部规定，并报国务院批准后施行。《国徽法》于1991年3月2日第七届全国人民代表大会常务委员会第十八次会议通过，同年10月1日施行。为了在对外活动中正确使用国徽图案，外交部拟定了《对外使用国徽图案的办法》并经国务院批准后，于1993年9月24日发布施行。该办法主要对应当印有国徽图案的情形以及可以使用国徽图案的情形作了规定。

一、应当印有国徽图案的情形

(1)中华人民共和国主席、副主席；全国人民代表大会常务委员会委员长、副委员长；国务院总理、副总理、国务委员；中央军事委员会主席、副主席；最高人民法院院长；最高人民检察院检察长；外交部部长；国家和政府的特使；国家驻外使馆、领馆和其他外交代表机构的馆长。以上人员以职务名义使用的外交文书、信笺、信封、请柬、贺卡、赠礼卡等应当印有国徽图案。

(2)全国人民代表大会常务委员会；国务院；中央军事委员会；最高人民法院；最高人民检察院；外交部；国家驻外使馆、领馆和其他外交代表机构。以上机构使用的外交文书、信笺和信封，应当印有国徽图案。

(3)以中华人民共和国、中华人民共和国政府或者中华人民共和国政府部门名义缔结的条约、协定的批准书、核准书、接受书、加入书、文件夹的封面，应当印有国徽图案。

(4)下列证件应当印有国徽图案或者印有带国徽图案的印章：中华人民共和国护照和其他具有护照性质的证件；国家办理签证的机关颁发的签证；外交部业务部门为外国驻华使馆、欧洲共同体委员会驻华代表团、阿拉伯联盟驻华代表处、联合国系统组织驻华代表机构的人员和外国驻华新闻机构、记者颁发的有关证件；中华人民共和国外交信使、领事信使的有关证件和外交邮袋、领事邮袋封印；国家驻外使馆、领馆颁发的船舶国籍临时证书；各省、自治区、直辖市人民政府外事办公室为外国驻华领馆的人员和常驻当地的外国新闻机构、记者颁发的有关证件。

二、可以使用国徽图案的情形

(1)以中华人民共和国、中华人民共和国政府或者中华人民共和国政府部门名义缔结的条约、协定,可以加封刻有国徽图案的火漆印。

(2)外交部副部长以职务名义使用的外交文书,可以印有国徽图案。

(3)以下机构的印章可以刻有国徽图案:外交部办公厅和有关业务部门;国务院各有关部、委外事司(局);各省、自治区、直辖市人民政府的外事办公室;计划单列市、经济特区和沿海开放城市人民政府的外事办公室;国家驻外使馆和常驻联合国代表团的领事、经济、商务、军事、文化、科技、教育等业务主管部门;国家办理签证的机关和签发出境入境证件的机关。

(4)国家体育代表团、队参加国际体育比赛时,可以按照有关规定在其人员的服装上使用国徽图案。

(5)在边境重镇及边境重要交通干线等地树立的界碑上可以使用国徽图案。

17 《国徽法》的监督管理由哪个部门负责?

答:国徽是国家的象征和标志,代表着国家的主权和尊严,在维护国家统一与安定、增强公民的国家观念、弘扬爱国主义精神等方面起着重要作用。为了维护国徽的尊严、培育和践行社会主义核心价值观,《国徽法》规定了县级以上各级人民政府对国徽使用进行监督管理的职责。可以从以下两个方面加深理解:

一、关于监督管理的职责主体

根据《宪法》的规定，中华人民共和国国务院，即中央人民政府，是最高国家权力机关的执行机关，是最高国家行政机关。地方各级人民政府是地方各级国家权力机关的执行机关，是地方各级国家行政机关，包括省、自治区、直辖市、设区的市、自治州、县、自治县、市辖区的人民政府。《国徽法》对国徽的悬挂、印制、使用和保护作了规定，县级以上各级人民政府作为国家行政机关，负有执行法律的职责。

二、关于监督管理的职责内容

县级以上各级人民政府要严格按照《国徽法》的要求对国徽的使用进行严格监管，切实根据法律、行政法规、国务院决定和命令等文件，保护好国徽，维护国徽的权威。在平时要加强管理，保证国徽的合法使用；出现违反法律法规有关规定情形的，如将国徽图案用于商标、广告、日常生活的陈设布置、私人庆吊活动等，悬挂破损、污损或者不合规格的国徽，要及时监督，予以制止纠正。

在我国县级以上各级人民政府，都设有若干工作部门，负责各方面的工作。在监督管理国徽使用方面，各部门也应当各司其职，各负其责。在商标、广告上使用国徽图案的，工商部门要及时进行监督纠正；在公共场合故意以焚烧、毁损、涂划、玷污、践踏等方式侮辱国徽的，公安机关要及时介入调查，对相关人员立案侦查。

18　在《国徽法》规定的场合以外需要使用国徽的，应该怎么办？

答：《国徽法》第九条规定，在本法规定的范围以外需要悬挂国徽或者使用国徽图案的，由全国人民代表大会常务委员会办公厅或者国务院办公厅会同有关主管部门规定。《国徽法》第四条对应当悬挂国徽的机构作了规定。第五条对应当悬挂国徽的场所作出规定。第六条对应当印有国徽图案的机构印章作了规定。第七条对应当印有国徽图案的文书、出版物作了规定。第八条规定了对外使用国徽图案的办法由外交部规定。除了以上情形,在实践中还有一些其他的情况,虽然不属于应当使用国徽图案的情况,但是根据需要可以使用国徽图案。因此,《国徽法》第九条授权由全国人大常委会办公厅或者国务院办公厅会同有关主管部门对在《国徽法》规定的范围以外需要悬挂国徽或者使用国徽图案的情况作出规定。

一、全国人大常委会办公厅的通知

《国徽法》自颁布以来,一些地方人大常委会陆续提出一些有关使用国徽图案和悬挂国徽的具体问题。1992 年 1 月 24 日,根据《国徽法》的规定,全国人大常委会办公厅结合实际需要,就各级人大及其常委会在《国徽法》规定的范围以外使用国徽图案和悬挂国徽的一些问题,作出了《全国人民代表大会常务委员会办公厅关于执行〈中华人民共和国国徽法〉第九条有关规定的通知》。主要内容有:

(一)可以使用国徽图案的文书、出版物、证件包括县级以上各级人民代表大会及其常务委员会的公报、会议文件汇编的封面;有权制定地方性法规的地方人民代表大会常务委员会指定的机构编辑出版的地方性法规汇编的封面;县级以上各级人民代表大会常务委员会颁发的任命书和荣誉证书;各级人民代表大会代表证件和会议证件(包括出席证、列席证、旁听证、工作证、记者证)。

(二)乡、民族乡、镇的人民代表大会举行会议时可以在会场悬挂国徽。

二、国务院办公厅关于国徽图案使用的答复

《国徽法》颁布施行后,国务院办公厅并未会同有关主管部门对需要悬挂国徽或者使用国徽图案的情形作出抽象性的规定。只是根据实践需要,先后对多家单位关于悬挂国徽或者使用国徽图案方面的请示作了答复。

(1)2002 年 11 月 25 日,《国务院办公厅关于同意在民间组织登记证书上使用国徽图案的复函》(国办函〔2002〕92 号)中提到,根据《中华人民共和国国徽法》的有关规定,同意在“社会团体法人登记证书”、“民办非企业单位登记证书”和“社会团体分支(代表)机构登记证书”上使用国徽图案。请严格按照《中华人民共和国国徽法》和《中华人民共和国国徽图案制作说明》的要求正确使用,尊重和爱护国徽,维护国徽的尊严。

(2)2003 年 6 月 19 日,《国务院办公厅关于同意国家质量监督检验检疫总局在局徽上使用国徽图案的复函》(国办函〔2003〕42 号)中提到,依据《中华人民共和国国徽法》的有关规定,同意在国家质量监督检验检疫总局局徽上使用国徽图案,必须正确设计、使用和悬挂,不得将带有国徽图案的局徽使用在商标、广告以及《国徽法》明确规定禁止使用的其他场合,以尊重和爱护国徽及其图案。

(3)2003 年 11 月 7 日,《国务院办公厅关于同意发行特种邮票时使用国旗国徽图案的复函》(国办函〔2003〕75 号)中提到,同意国家邮政局在 2004 年国庆节发行的《国旗国徽》特种邮票上使用国旗和国徽标准图案。望正确使用,切实维护国旗国徽尊严。

(4)2005 年 8 月 15 日,《国务院办公厅关于同意在国家版图意识教育宣传画上使用国旗、国徽图案的复函》(国办函〔2005〕76 号)中提到,同意在国家版图意识教育宣传画上使用国旗和国徽图案。

(5)2006 年 4 月 29 日,《国务院办公厅关于同意在“中国藏学研究珠峰奖”获奖证书上使用国徽图案的复函》(国办函〔2006〕36 号)中提到,同意在“中国藏学研究珠峰奖”获奖证书上使用国徽图案。请中央统战部监督中国藏学研究中心和中国西藏文化保护与发展协会正确使用，切实维护国徽尊严。

(6)2007 年 1 月 9 日，《国务院办公厅关于同意中央军委外事办公室综合办公楼悬挂国徽的函》(国办函〔2007〕6 号)中提到，同意中央军委外事办公室在新建成的综合办公楼悬挂国徽。国徽直径为 80 厘米，请严格按照《中华人民共和国国徽法》的规定使用国徽，切实维护国徽尊严。

(7)2007 年 5 月 18 日，《国务院办公厅关于同意首都机场新建专机及公务机楼悬挂国徽的函》(国办函〔2007〕56 号)中提到，同意首都机场新建专机及公务机楼悬挂国徽，国徽直径为 80 厘米，请严格按照《中华人民共和国国徽法》的规定使用国徽，切实维护国徽尊严。

第四章　关于侮辱国徽的处罚

19　国外对侮辱国徽的行为是怎么处罚的?

答:国徽是国家的象征和标志,代表着国家的主权和尊严。很多国家都对侮辱国徽的行为进行处罚。这些国家对侮辱国徽的行为处罚主要分为以下两种类型:

一是单处罚金。一些国家和地区对侮辱国徽行为规定单处罚金。新加坡政府制定的《国徽、国旗和国歌条例》规定,对任何违反该法规定,有侮辱国徽行为的,最高处罚 1000 美元。《马来西亚国家标志法》规定,违反本法规定,对于侮辱国徽的法人,处以不超过 1000 林吉特罚款。

二是处以罚金或监禁,或两者并处。一些国家对侮辱国徽行为制定了罚金和监禁两种处罚措施,如《菲律宾国旗、国歌、国家箴言、国徽和其他徽章项目和物品法》规定,任何违反本法规定侮辱国徽的自然人或法人将被判有罪,由法院自由裁量处以 5000 比索至 2 万比索之间的罚金,或判处 2 年以内监禁,或者兼处罚金和监禁。对于再犯和累犯,必须并处罚款和监禁。法人违反本法规定,其董事长或总经理应承担责任。

20 侮辱非标准制作的国徽构成侮辱国徽吗?

答:侮辱非标准制作的国徽构成侮辱国徽。侮辱的对象只限于中华人民共和国国徽,侮辱外国的国徽不构成本罪。关于中华人民共和国国徽的范围,包括根据《国徽法》、国徽图案制作说明规定由法定企业制作的国徽。对于是否还包括印刷、手绘等方式制作的国徽图案,有不同的观点。一种观点认为如果侮辱的属不合规格的国徽或自制国徽,就不构成侮辱国徽罪。国徽的范围应以法律规定为标准。首先,国徽应符合法定的规格,具体标准应根据《国徽法》、国徽图案制作说明来确定。其次,国徽应由法定企业制作。如果侮辱的属不合规格的国徽或自制的国徽,就不构成本罪。另一种观点认为这里国徽的范围包括不合规格的国徽,其理由在于侮辱这些非标准制作的国徽,也会使人认为损害了国徽的尊严。我们认为,一些人为了发泄对国家、政府的不满,侮辱非标准制作的国徽,也象征了对国徽象征的国家尊严进行了侮辱,理应属于侮辱国徽罪的范围之内。其他一些地区也有类似的法律规定,如我国香港地区《国旗及国徽条例》规定,如有国旗或国徽的复制本并非与国旗或国徽完全相同,但其相似程度足以使人相信它就是国旗或国徽,则就本条例而言,该复制本被视为国旗或国徽。我国澳门地区规定,"第一款及上款第一项的规定适用于侮辱对象为国家象征的复制本的情况,但复制本除必须与原本明显相似外,还须足以令公众以为是国家象征"。印度等国家也有类似的立法例。

21 我国法律规定的侮辱国徽一般都有哪些行为?

答:我国法律规定侮辱国徽的行为人必须具有在公众场合以焚烧、毁损、涂划、玷污、践踏等方式侮辱国徽的行为。所谓焚烧,是指经过点燃、燃烧、熔融等方式,经过高温下的氧化进行减容、热分解,使国徽部分毁损或者化为残渣;所谓毁损,是指通过肢体或者借助器械等以撕裂、捣碎、撕碎等方法使国徽整体变残、变形、缺损成为碎片;所谓涂划,是指用笔、油漆、涂料等有色物品在国徽上任意乱涂乱画或者有意刻画带有侮辱性的图案、图形、文字等,以破坏国徽的严肃性、整洁性;所谓玷污,是指以水渍、粘物、火燎等方式使国徽出现污渍;所谓践踏,是指采取脚踏、车轮碾轧等方式侮辱国徽;其他方式是指除上述五种方式以外的其他使国徽受到侮辱的方式。

22 我国法律规定对侮辱国徽行为如何处罚?

答:侮辱国徽的行为应达到一定的程度才构成犯罪。《国徽法》第十九条同样规定,情节较轻的,由公安机关处以十五日以下拘留。显然并非所有侮辱国徽的违法行为都构成犯罪,只有实施了侮辱国徽的行为,而又不属于情节显著轻微危害不大及情节较轻的,才构成本罪。具体判断侮辱国徽行为的危害程度,可以从以下几方面考虑:(1)侮辱手段是否恶劣,是采用动物粪便还是手撕等方式危害性有所不同。(2)侮辱对象的数量及侮辱次数的多少,侮辱少量国徽与大量国徽有所不同。(3)侮辱的动机如何。如出于仇视国家的政策方针、法律法规等动机与纯粹为发泄个人私愤等动机危害性显然不同。(4)社会影响的大小。如侮辱天安门城楼悬挂的国徽与侮辱书本印刷的国徽图案影响大小显然不一样，其危害性大小也就不同。(5)造成的危害后果。如砸碎国徽与少量水渍污染国徽显然不同。(6)行为人案发后的态度。如行为人是主动交代或积极消除影响还是拒不认罪显然不同。如果从以上几方面因素考虑，认为行为人的情节属于较轻的或显著轻微危害不大的，则不能以犯罪论处。

23 我国香港、澳门地区对侮辱国徽行为是如何规定的？

答：在我国香港、澳门特别行政区对侮辱国徽的行为进行了规定。我国香港地区 1997 年制定的《国旗及国徽条例》规定，任何人公开及故意以焚烧、毁损、涂划、玷污、践踏等方式侮辱国旗或国徽，即属犯罪，一经定罪，可处第五级罚款及监禁三年。我国澳门地区将侮辱国旗、国徽行为作为侮辱国家象征行为的一种进行了规定。澳门 1999 年制定的《国旗、国徽及国歌的使用及保护》规定："一、以言词、动作或散布文书、又或以其它与公众通讯的工具，公然侮辱国家象征，又或对之不尊重者，处最高三年徒刑，或科最高三百六十日罚金。二、下列情况构成对国家象征的不尊重：(一)焚烧、毁损、涂划、玷污或践踏国旗或国徽；(二)演奏国歌时蓄意不依歌谱或更改歌词。"

24 外国人侮辱我国国徽如何处罚？

答：对于外国人侮辱我国国徽，是否要受处罚？《国徽法》第十三条规定了侮辱国徽应当承担的法律责任，承担责任的主体并非只限于中国公民，也包括外国人。根据我国《刑法》的规定，对发生在中华人民共和国领域内的犯罪行为,或者在中华人民共和国领域外针对我国国家的犯罪,都应当受到处罚。《治安管理处罚法》规定对违反治安管理的外国人,可以附加适用限期出境或者驱逐出境;《刑法》也规定对于犯罪的外国人,可以独立适用或者附加适用驱逐出境。

第四部分

法规文本及延伸阅读

中华人民共和国国旗法

（1990 年 6 月 28 日第七届全国人民代表大会常务委员会第十四次会议通过　根据 2009 年 8 月 27 日第十一届全国人民代表大会常务委员会第十次会议《关于修改部分法律的决定》修正）

第一条　为了维护国旗的尊严，增强公民的国家观念，发扬爱国主义精神，根据宪法，制定本法。

第二条　中华人民共和国国旗是五星红旗。

中华人民共和国国旗按照中国人民政治协商会议第一届全体会议主席团公布的国旗制法说明制作。

第三条　中华人民共和国国旗是中华人民共和国的象征和标志。

每个公民和组织，都应当尊重和爱护国旗。

第四条　地方各级人民政府对本行政区域内国旗的升挂和使用，实施监督管理。

外交部、国务院交通主管部门、中国人民解放军总政治部对各自管辖范围内国旗的升挂和使用，实施监督管理。

国旗由省、自治区、直辖市的人民政府指定的企业制作。

第五条　下列场所或者机构所在地，应当每日升挂国旗：

（一）北京天安门广场、新华门；

（二）全国人民代表大会常务委员会，国务院，中央军事委员会，最高人民法院，最高人民检察院；

中国人民政治协商会议全国委员会；

（三）外交部；

（四）出境入境的机场、港口、火车站和其他边境口岸，边防海防哨所。

第六条　国务院各部门，地方各级人民代表大会常务委员会、人民政府、人民法院、人民检察院，中国人民政治协商会议地方各级委员会，应当在工作日升挂国旗。

全日制学校，除寒假、暑假和星期日外，应当每日升挂国旗。

第七条　国庆节、国际劳动节、元旦和春节，各级国家机关和各人民团体应当升挂国旗；企业事业组织，村民委员会、居民委员会，城镇居民院（楼）以及广场、公园等公共活动场所，有条件的可以升挂国旗。

不以春节为传统节日的少数民族地区，春节是否升挂国旗，由民族自治地方的自治机关规定。

民族自治地方在民族自治地方成立纪念日和主要传统民族节日，可以升挂国旗。

第八条　举行重大庆祝、纪念活动，大型文化、体育活动，大型展览会，可以升挂国旗。

第九条　外交活动以及国家驻外使馆领馆和其他外交代表机构升挂、使用国旗的办法，由外交部规定。

第十条　军事机关、军队营区、军用舰船，按照中央军事委员会的有关规定升挂国旗。

第十一条　民用船舶和进入中国领水的外国船舶升挂国旗的

办法，由国务院交通主管部门规定。

公安部门执行边防、治安、消防任务的船舶升挂国旗的办法，由国务院公安部门规定。

第十二条 依照本法第五条、第六条、第七条的规定升挂国旗的，应当早晨升起，傍晚降下。

依照本法规定应当升挂国旗的，遇有恶劣天气，可以不升挂。

第十三条 升挂国旗时，可以举行升旗仪式。

举行升旗仪式时，在国旗升起的过程中，参加者应当面向国旗肃立致敬，并可以奏国歌或者唱国歌。

全日制中学小学，除假期外，每周举行一次升旗仪式。

第十四条 下列人士逝世，下半旗志哀：

（一）中华人民共和国主席、全国人民代表大会常务委员会委员长、国务院总理、中央军事委员会主席；

（二）中国人民政治协商会议全国委员会主席；

（三）对中华人民共和国作出杰出贡献的人；

（四）对世界和平或者人类进步事业作出杰出贡献的人。

发生特别重大伤亡的不幸事件或者严重自然灾害造成重大伤亡时，可以下半旗志哀。

依照本条第一款（三）、（四）项和第二款的规定下半旗，由国务院决定。

依照本条规定下半旗的日期和场所，由国家成立的治丧机构或者国务院决定。

第十五条 升挂国旗，应当将国旗置于显著的位置。

列队举持国旗和其他旗帜行进时，国旗应当在其他旗帜之前。

国旗与其他旗帜同时升挂时，应当将国旗置于中心、较高或者突出的位置。

在外事活动中同时升挂两个以上国家的国旗时,应当按照外交部的规定或者国际惯例升挂。

第十六条 在直立的旗杆上升降国旗,应当徐徐升降。升起时,必须将国旗升至杆顶;降下时,不得使国旗落地。

下半旗时,应当先将国旗升至杆顶,然后降至旗顶与杆顶之间的距离为旗杆全长的三分之一处;降下时,应当先将国旗升至杆顶,然后再降下。

第十七条 不得升挂破损、污损、褪色或者不合规格的国旗。

第十八条 国旗及其图案不得用作商标和广告,不得用于私人丧事活动。

第十九条 在公共场合故意以焚烧、毁损、涂划、玷污、践踏等方式侮辱中华人民共和国国旗的,依法追究刑事责任;情节较轻的,由公安机关处以十五日以下拘留。

第二十条 本法自1990年10月1日起施行。

附:

国旗制法说明

(1949年9月28日中国人民政治协商会议
第一届全体会议主席团公布)

国旗的形状、颜色两面相同,旗上五星两面相对。为便利计,本件仅以旗杆在左之一面为说明之标准。对于旗杆在右之一面,凡本件所称左均应改右,所称右均应改左。

(一)旗面为红色,长方形,其长与高为三与二之比,旗面左上方缀黄色五角星五颗。一星较大,其外接圆直径为旗高十分之三,居左;四星较小,其外接圆直径为旗高十分之一,环拱于大星之右。旗杆套为白色。

(二)五星之位置与画法如下:

甲、为便于确定五星之位置,先将旗面对分为四个相等的长方形,将左上方之长方形上下划为十等分,左右划为十五等分。

乙、大五角星的中心点,在该长方形上五下五、左五右十之处。其画法为:以此点为圆心,以三等分为半径作一圆。在此圆周上,定出五个等距离的点,其一点须位于圆之正上方。然后将此五点中各相隔的两点相联,使各成一直线。此五直线所构成之外轮廓线,即为所需之大五角星。五角星之一个角尖正向上方。

丙、四颗小五角星的中心点,第一点在该长方形上二下八、左十右五之处,第二点在上四下六、左十二右三之处,第三点在上七下三、左十二右三之处,第四点在上九下一、左十右五之处。其画法为:以以上四点为圆心,各以一等分为半径,分别作四个圆。在每个圆上各定出五个等距离的点,其中均须各有一点位于大五角星中心点与以上四个圆心的各联结线上。然后用构成大五角星的同样方法,构成小五角星。此四颗小五角星均各有一个角尖正对大五角星的中心点。

(三)国旗之通用尺度定为如下五种,各界酌情选用:

甲、长 288 公分,高 192 公分。

乙、长 240 公分,高 160 公分。

丙、长 192 公分,高 128 公分。

丁、长 144 公分,高 96 公分。

戊、长 96 公分,高 64 公分。

国旗制法图案

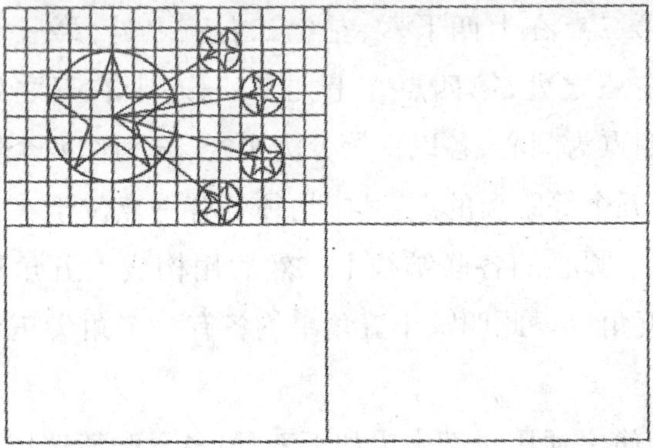

中华人民共和国国歌法

（2017年9月1日第十二届全国人民代表大会常务委员会第二十九次会议通过　2017年9月1日中华人民共和国主席令第七十五号公布　自2017年10月1日起施行）

第一条　为了维护国歌的尊严，规范国歌的奏唱、播放和使用，增强公民的国家观念，弘扬爱国主义精神，培育和践行社会主义核心价值观，根据宪法，制定本法。

第二条　中华人民共和国国歌是《义勇军进行曲》。

第三条　中华人民共和国国歌是中华人民共和国的象征和标志。

一切公民和组织都应当尊重国歌，维护国歌的尊严。

第四条　在下列场合，应当奏唱国歌：

（一）全国人民代表大会会议和地方各级人民代表大会会议的开幕、闭幕；

中国人民政治协商会议全国委员会会议和地方各级委员会会议的开幕、闭幕；

（二）各政党、各人民团体的各级代表大会等；

（三）宪法宣誓仪式；

（四）升国旗仪式；

（五）各级机关举行或者组织的重大庆典、表彰、纪念仪式等；

（六）国家公祭仪式；

（七）重大外交活动；

（八）重大体育赛事；

（九）其他应当奏唱国歌的场合。

第五条　国家倡导公民和组织在适宜的场合奏唱国歌，表达爱国情感。

第六条　奏唱国歌，应当按照本法附件所载国歌的歌词和曲谱，不得采取有损国歌尊严的奏唱形式。

第七条　奏唱国歌时，在场人员应当肃立，举止庄重，不得有不尊重国歌的行为。

第八条　国歌不得用于或者变相用于商标、商业广告，不得在私人丧事活动等不适宜的场合使用，不得作为公共场所的背景音乐等。

第九条　外交活动中奏唱国歌的场合和礼仪，由外交部规定。

军队奏唱国歌的场合和礼仪，由中央军事委员会规定。

第十条　在本法第四条规定的场合奏唱国歌，应当使用国歌标准演奏曲谱或者国歌官方录音版本。

外交部及驻外外交机构应当向有关国家外交部门和有关国际组织提供国歌标准演奏曲谱和国歌官方录音版本，供外交活动中使用。

国务院体育行政部门应当向有关国际体育组织和赛会主办方提供国歌标准演奏曲谱和国歌官方录音版本，供国际体育赛会使用。

国歌标准演奏曲谱、国歌官方录音版本由国务院确定的部门组织审定、录制，并在中国人大网和中国政府网上发布。

第十一条 国歌纳入中小学教育。

中小学应当将国歌作为爱国主义教育的重要内容,组织学生学唱国歌,教育学生了解国歌的历史和精神内涵、遵守国歌奏唱礼仪。

第十二条 新闻媒体应当积极开展对国歌的宣传,普及国歌奏唱礼仪知识。

第十三条 国庆节、国际劳动节等重要的国家法定节日、纪念日,中央和省、自治区、直辖市的广播电台、电视台应当按照国务院广播电视主管部门规定的时点播放国歌。

第十四条 县级以上各级人民政府及其有关部门在各自职责范围内,对国歌的奏唱、播放和使用进行监督管理。

第十五条 在公共场合,故意篡改国歌歌词、曲谱,以歪曲、贬损方式奏唱国歌,或者以其他方式侮辱国歌的,由公安机关处以警告或者十五日以下拘留;构成犯罪的,依法追究刑事责任。

第十六条 本法自2017年10月1日起施行。

附件:中华人民共和国国歌(五线谱版、简谱版)

中华人民共和国国歌

（义勇军进行曲）

田 汉作词
聂 耳作曲

中华人民共和国国歌

（义勇军进行曲）

1＝G $\frac{2}{4}$

进行曲速度

田　汉作词

聂　耳作曲

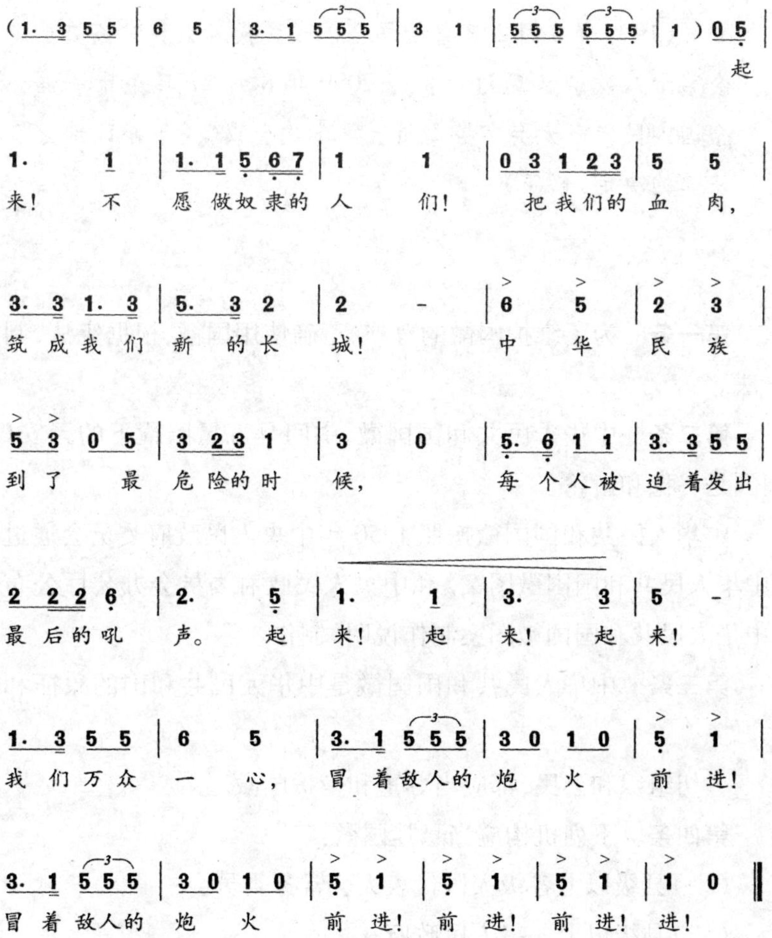

中华人民共和国国徽法

（1991年3月2日第七届全国人民代表大会常务委员会第十八次会议通过　根据2009年8月27日第十一届全国人民代表大会常务委员会第十次会议《关于修改部分法律的决定》修正）

第一条　为了维护国徽的尊严，正确使用国徽，根据宪法，制定本法。

第二条　中华人民共和国国徽，中间是五星照耀下的天安门，周围是谷穗和齿轮。

中华人民共和国国徽按照1950年中央人民政府委员会通过的《中华人民共和国国徽图案》和中央人民政府委员会办公厅公布的《中华人民共和国国徽图案制作说明》制作。

第三条　中华人民共和国国徽是中华人民共和国的象征和标志。

一切组织和公民，都应当尊重和爱护国徽。

第四条　下列机构应当悬挂国徽：

（一）县级以上各级人民代表大会常务委员会；

（二）县级以上各级人民政府；

（三）中央军事委员会；

（四）各级人民法院和专门人民法院；

（五）各级人民检察院和专门人民检察院；

（六）外交部；

（七）国家驻外使馆、领馆和其他外交代表机构。

乡、民族乡、镇的人民政府可以悬挂国徽，具体办法由省、自治区、直辖市的人民政府根据实际情况规定。

国徽应当悬挂在机关正门上方正中处。

第五条 下列场所应当悬挂国徽：

（一）北京天安门城楼，人民大会堂；

（二）县级以上各级人民代表大会及其常务委员会会议厅；

（三）各级人民法院和专门人民法院的审判庭；

（四）出境入境口岸的适当场所。

第六条 下列机构的印章应当刻有国徽图案：

（一）全国人民代表大会常务委员会，国务院，中央军事委员会，最高人民法院，最高人民检察院；

（二）全国人民代表大会各专门委员会和全国人民代表大会常务委员会办公厅、工作委员会，国务院各部、各委员会、各直属机构、国务院办公厅以及国务院规定应当使用刻有国徽图案印章的办事机构，中央军事委员会办公厅以及中央军事委员会规定应当使用刻有国徽图案印章的其他机构；

（三）县级以上地方各级人民代表大会常务委员会、人民政府、人民法院、人民检察院，专门人民法院，专门人民检察院；

（四）国家驻外使馆、领馆和其他外交代表机构。

第七条 下列文书、出版物等应当印有国徽图案：

（一）全国人民代表大会常务委员会、中华人民共和国主席和国务院颁发的荣誉证书、任命书、外交文书；

（二）中华人民共和国主席、全国人民代表大会常务委员会委员长、国务院总理、中央军事委员会主席、最高人民法院院长和最高人民检察院检察长以职务名义对外使用的信封、信笺、请柬等；

（三）全国人民代表大会常务委员会公报、国务院公报、最高人民法院公报和最高人民检察院公报的封面；

（四）国家出版的法律、法规正式版本的封面。

第八条　外事活动和国家驻外使馆、领馆以及其他外交代表机构对外使用国徽图案的办法，由外交部规定，报国务院批准后施行。

第九条　在本法规定的范围以外需要悬挂国徽或者使用国徽图案的，由全国人民代表大会常务委员会办公厅或者国务院办公厅会同有关主管部门规定。

第十条　国徽及其图案不得用于：

（一）商标、广告；

（二）日常生活的陈设布置；

（三）私人庆吊活动；

（四）国务院办公厅规定不得使用国徽及其图案的其他场合。

第十一条　不得悬挂破损、污损或者不合规格的国徽。

第十二条　悬挂的国徽由国家指定的企业统一制作，其直径的通用尺度为下列三种：

（一）一百厘米；

（二）八十厘米；

（三）六十厘米。

在特定场所需要悬挂非通用尺度国徽的，报国务院办公厅批准。

第十三条　在公共场合故意以焚烧、毁损、涂划、玷污、践踏等方式侮辱中华人民共和国国徽的，依法追究刑事责任；情节较轻的，由公安机关处以十五日以下拘留。

第十四条 县级以上各级人民政府对国徽的使用，实施监督管理。

第十五条 本法自 1991 年 10 月 1 日起施行。

附件：

中华人民共和国国徽图案

（1950 年 6 月 28 日中央人民政府委员会第八次会议通过）

说明：国徽的内容为国旗、天安门、齿轮和麦稻穗，象征中国人民自“五四”运动以来的新民主主义革命斗争和工人阶级领导的以工农联盟为基础的人民民主专政的新中国的诞生。

中华人民共和国国徽图案制作说明

（1950年9月20日中央人民政府委员会办公厅公布）

一、两把麦稻组成正圆形的环。齿轮安在下方麦稻杆的交叉点上。齿轮的中心交结着红绶。红绶向左右绾住麦稻而下垂，把齿轮分成上下两部。

二、从图案正中垂直画一直线，其左右两部分，完全对称。

三、图案各部分之地位、尺寸，可根据方格墨线图之比例，放大或缩小。

四、如制作浮雕，其各部位之高低，可根据断面图之比例放大或缩小。

五、国徽之涂色为金红二色：麦稻、五星、天安门、齿轮为金色，圆环内之底子及垂绶为红色；红为正红（同于国旗），金为大赤金（淡色而有光泽之金）。

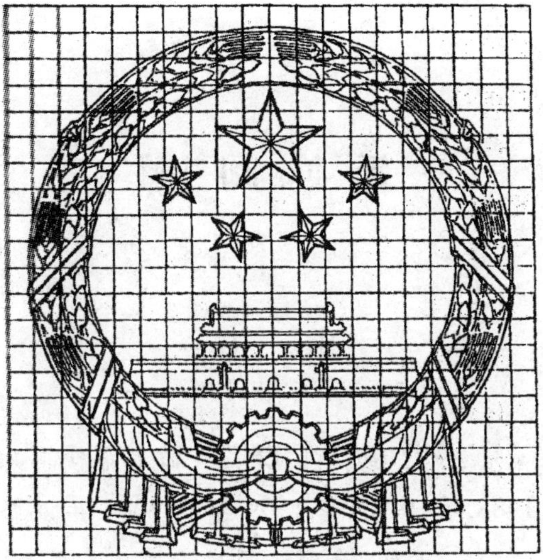

中华人民共和国国徽方格墨线图

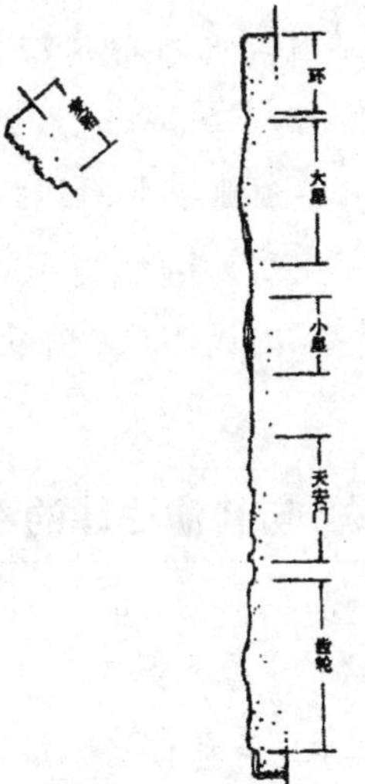

中华人民共和国国徽纵断面图

延伸阅读

宪　法

我国现行《宪法》是1982年12月4日五届全国人大五次会议通过的,并于1988年、1993年、1999年和2004年以修正案的方式对《宪法》作了修改。《宪法》确认了我国各族人民奋斗的成果,规定了国家的根本制度、根本任务和国家生活的基本原则,是国家的根本法,是治国安邦的总章程,是国家长治久安、民族团结、经济发展、社会进步的根本保障。在中国,各族人民、各国家机关和武装力量、各政党和各社会团体、各企业事业组织,都必须以《宪法》为根本的活动准则,并负有维护《宪法》尊严、保证《宪法》实施的职责。

(相关法条:《国旗法》、《国歌法》、《国徽法》第一条)

《宪法》与其他法律的不同

作为国家的根本法,《宪法》既具有一切法律的共同特点,又具有与一般法律不同的特征,主要是:第一,《宪法》的内容不同于一般法律。一般法律的内容只涉及社会生活的某一个方面、某一个领域。《宪法》的内容涉及国家和社会生活的根本问题,它规定国家的根本制度和根本任务、公民的基本权利和义务,是一切组织和个人的根本活动准则。第二,《宪法》是制定一般法律的依据。一切法律都要以《宪法》为依据。正如人们通常所说的,《宪法》是母法,其他法律都是子法。第三,《宪法》具有最高的法律效力,一切法律、行政法规、地方性法规的制定都必须以《宪法》为依据,遵循《宪法》的基本原则,不得与《宪法》相抵触。

正因为《宪法》是国家的根本法,《宪法》的制定和修改程序比制定、修改一般法律更严格。我国《宪法》第六十四条规定:“宪法的修改,由全国人民代表大会常务委员会或者五分之一以上的全国人民代表大会代表提议,并由全国人民代表大会以全体代表的三分之二以上的多数通过。法律和其他议案由全国人民代表大会以全体代表的过半数通过。”

(相关法条:《国旗法》、《国歌法》、《国徽法》第一条)

宪法宣誓仪式

2015 年 7 月 1 日第十二届全国人大常委会第十五次会议通过了《关于实行宪法宣誓制度的决定》,其中对于宪法宣誓仪式规定:“宣誓仪式根据情况,可以采取单独宣誓或者集体宣誓的形式。单独宣誓时,宣誓人应当左手抚按《中华人民共和国宪法》,右手举拳,诵读誓词。集体宣誓时,由一人领誓,领誓人左手抚按《中华人民共和国宪法》,右手举拳,领诵誓词;其他宣誓人整齐排列,右手举拳,跟诵誓词。宣誓场所应当庄重、严肃,悬挂中华人民共和国国旗或者国徽。负责组织宣誓仪式的机关,可以根据本决定并结合实际情况,对宣誓的具体事项作出规定。”虽然在决定中没有明确要求奏唱国歌,但是在实践中,无论是全国人大常委会,还是国务院、最高人民法院、最高人民检察院举行的宪法宣誓仪式中,都在仪式开始时奏唱国歌,在上述部门制定的一些具体办法中,对此也有明确。例如,《最高人民法院关于宪法宣誓的组织办法》第六条第一款规定:“举行宣誓仪式,应当奏唱中华人民共和国国歌。”《国歌法》在吸收实践经验的基础上,明确要求宪法宣誓仪式应当奏唱国歌。一些地方制定的具体办法中也有类似规定,例如,《新疆维吾尔自治区国家工作人员宪法宣誓办法》第九条规定:“宣誓场所应当庄重、严肃,悬挂中华人民共和国国旗或者国徽,现场奏唱国歌。宣誓人应当着正装或配发的制式服装。”《北京市人民政府及其各部门任命的国家工作人员宪法宣誓实施办法》第四条规定:“举行宣誓仪式,应当奏唱中华人民共和国国歌。”

(相关法条:《国歌法》第四条)

国家公祭仪式

为了悼念南京大屠杀死难者和所有在日本帝国主义侵华战争期间惨遭日本侵略者杀戮的死难者,揭露日本侵略者的战争罪行,牢记侵略战争给中国人民和世界人民造成的深重灾难,表明中国人民反对侵略战争、捍卫人类尊严、维护世界和平的坚定立场,2014年2月27日,第十二届全国人大常委会第七次会议通过设立南京大屠杀死难者国家公祭日的决定,将每年12月13日设立为南京大屠杀死难者国家公祭日。每年12月13日国家举行公祭活动,悼念南京大屠杀死难者和所有在日本帝国主义侵华战争期间惨遭日本侵略者杀戮的死难者。根据相关部门制定的公祭仪式安排,在公祭仪式开始时首先要奏唱国歌,《国歌法》第四条也是根据2014年以来的实际做法对此作了明确。此外,目前一些地方开展的公祭黄帝、炎帝、大禹等活动,属于文化民俗活动,不是《国歌法》规定的国家公祭仪式。

(相关法条:《国歌法》第四条)

全国人民代表大会和地方各级人民代表大会

我国《宪法》规定,中华人民共和国的一切权力属于人民。人民行使国家权力的机关是全国人民代表大会和地方各级人民代表大会。全国人民代表大会和地方各级人民代表大会都由民主选举产生,对人民负责,受人民监督。

全国人民代表大会是最高国家权力机关,由省、自治区、直辖市、特别行政区和人民解放军选出的代表组成。地方各级人民代表大会是地方国家权力机关。其中,省、自治区、直辖市、设区的市、自治州的人民代表大会由下一级人民代表大会选出的代表组成。县、自治县、不设区的市、市辖区,以及乡、民族乡、镇的人民代表大会由选民直接选出的代表组成。

(相关法条:《国歌法》第四条,《国徽法》第五条)

全国人民代表大会

全国人民代表大会每届任期五年,每年举行一次会议。如果全国人大常委会认为必要,或者有五分之一以上的全国人大代表提议,可以临时召集全国人大会议。全国人大会议于每年第一季度举行,由全国人大常委会召集。全国人大举行会议时,选举主席团主持会议。

全国人大行使的职权是:修改《宪法》;监督《宪法》的实施;制定和修改刑事、民事、国家机构的和其他的基本法律。选举全国人大常委会委员长、副委员长、秘书长和委员;选举中华人民共和国主席、副主席;根据国家主席的提名,决定国务院总理的人选;根据国务院总理的提名,决定国务院副总理、国务委员、各部部长、各委员会主任、审计长、秘书长的人选;选举中央军事委员会主席;根据中央军委主席的提名,决定中央军委其他组成人员的人选;选举最高人民法院院长;选举最高人民检察院检察长;有权罢免上述人员。审查和批准国民经济和社会发展计划和计划执行情况的报告;审查中央和地方预算及中央和地方预算执行情况的报告,批准中央预算和中央预算执行情况的报告。改变或者撤销全国人大常委会不适当的决定。批准省、自治区、直辖市的建置;决定特别行政区的设立及其制度;决定战争和和平的问题。应当由最高国家权力机关行使的其他职权。

(相关法条:《国歌法》第四条)

全国人民代表大会常务委员会

全国人大常委会是全国人大的常设机关,对全国人大负责并报告工作。常委会每届任期和全国人大每届任期相同。

全国人大常委会由委员长、副委员长若干人,秘书长、委员若干人组成。常委会的组成人员由全国人大从全国人大的代表中选举产生。委员长主持全国人大常委会的工作,召集常委会会议。副委员长、秘书长协助委员长工作。常委会会议一般每两个月举行一次;有特殊需要的时候,可以临时召集会议。委员长、副委员长、秘书长组成委员长会议,处理常委会的重要日常工作。

全国人大常委会行使的职权是:解释《宪法》,监督《宪法》的实施;制定和修改除应当由全国人大制定的法律以外的其他法律;在全国人大闭会期间,对全国人大制定的法律进行部分补充和修改,但是不得同该法律的基本原则相抵触;解释法律;在全国人大闭会期间,审查和批准国民经济和社会发展计划、中央预算在执行过程中所必须作的部分调整方案;监督国务院、中央军事委员会、最高人民法院和最高人民检察院的工作;撤销国务院制定的同《宪法》、法律相抵触的行政法规、决定和命令;撤销省、自治区、直辖市国家权力机关制定的同《宪法》、法律和行政法规相抵触的地方性法规和决议;在全国人大闭会期间,根据国务院总理的提名,决定部长、委员会主任、审计长、秘书长的人选;在全国人大闭会期间,根据中央军委主席的提名,决定中央军委其他组成人员的人选;根据最高人民法院院长的提请,任免最高人民法院副院长、审判员、审判委员会委员和军事法院院长;根据最高人民检察院检察长的提请,任免最高人民检察院副检察长、检察员、检察委员会委员和军事检察院检察长,并且批准省、自治区、直辖市的人民检察院检察长的任免;决定驻外全权代表的任免;决定同外国缔结的条约和重要协定的批准和废除;规定军人和外交人员的衔级制度和其他专门衔级制度;规定和决定授予国家的勋章和荣誉称号;决定特赦;在全国人大闭会期间,如果遇到国家遭受武装侵犯或者必须履行国际间共同防止侵略的条约的情况,决定战争状态的宣布;决定全国总动员或者局部动员;决定全国或者个别省、自治区、直辖市进入紧急状态;全国人大授予的其他职权。

(相关法条:《国旗法》第五条,《国徽法》第六条、第七条、第九条)

全国人民代表大会专门委员会

全国人大根据需要设立若干专门委员会。专门委员会是全国人大的常设机构，受全国人大领导，在全国人大闭会期间受全国人大常委会领导，协助全国人大及其常委会行使职权。全国人大目前共设有九个专门委员会，它们是民族委员会、法律委员会、内务司法委员会、财政经济委员会、教育科学文化卫生委员会、外事委员会、华侨委员会、环境与资源保护委员会、农业与农村委员会。

各专门委员会的职责是在全国人大和全国人大常委会的领导下，研究、审议和拟订有关议案。具体包括：(1)审议全国人大主席团或者全国人大常委会交付的议案；(2)向全国人大主席团或者全国人大常委会提出属于全国人大或者全国人大常委会职权范围内同本委员会有关的议案；(3)审议全国人大常委会交付的被认为同《宪法》、法律相抵触的国务院的行政法规、决定和命令，国务院各部、各委员会的命令、指示和规章，省、自治区、直辖市的人大及其常委会的地方性法规和决议，以及省、自治区、直辖市的人民政府的决定、命令和规章，提出报告；(4)审议全国人大主席团或者全国人大常委会交付的质询案，听取受质询机关对质询案的答复，必要的时候向全国人大主席团或者全国人大常委会提出报告；(5)对属于全国人大或者全国人大常委会职权范围内同本委员会有关的问题，进行调查研究，提出建议。此外，专门委员会还协助全国人大常委会行使监督权，对法律和有关法律问题的决议、决定贯彻实施情况，开展执法检查，进行监督。同时，法律还对一些专门委员会的职责作了特别规定，如法律委员会统一审议向全国人大或者全国人大常委会提出的法律案;其他专门委员会就有关的法律案进行审议,向法律委员会提出意见,并印发全国人大会议或者常委会会议。

(相关法条:《国徽法》第六条)

地方各级人民代表大会

地方各级人民代表大会包括省、自治区、直辖市、设区的市、自治州、县、自治县、市辖区、乡、民族乡、镇的人民代表大会。省、自治区、直辖市、自治州、设区的市的人民代表大会代表由下一级的人民代表大会选举;县、自治县、不设区的市、市辖区、乡、民族乡、镇的人民代表大会代表由选民直接选举。地方各级人大每届任期五年,每年至少举行一次会议。经五分之一以上的代表提议,可以临时召集本级人民代表大会会议。县级以上的地方各级人大会议由本级人大常委会召集。乡、民族乡、镇的人大会议由上次人大主席团召集。地方各级人大举行会议时,选举主席团,由主席团主持会议。

地方各级人大行使的职权是:省、自治区、直辖市的人大根据本行政区域的具体情况和实际需要,在不同《宪法》、法律、行政法规相抵触的前提下,可以制定和颁布地方性法规,报全国人大常委会和国务院备案。设区的市、自治州的人大根据本市的具体情况和实际需要,在不同《宪法》、法律、行政法规和本省、自治区的地方性法规相抵触的前提下,可以对城乡建设与管理、环境保护、历史文化保护等方面的事项制定地方性法规,法律对设区的市制定地方性法规另有规定的,从其规定。设区的市、自治州的地方性法规报省、自治区的人大常委会批准后施行。经济特区所在地的省、市的人大根据全国人大的授权决定,制定法规,在经济特区范围内实施。民族自治地方的人大有权依照当地民族的政治、经济和文化的特点，制定自治条例和单行条例。自治区的自治条例和单行条例，报全国人大常委会批准后生效。自治州、自治县的自治条例和单行条例，报省、自治区、直辖市的人大常委会批准后生效。

县级以上的地方各级人大在本行政区域内，保证《宪法》、法律、行政法规和上级人大及其常委会决议的遵守和执行，保证国家计划和国家预算的执行；审查和批准本行政区域内的国民经济和社会发展计划、预算以及它们执行情况的报告；讨论、决定本行政区域内的政治、经济、教育、科学、文化、卫生、环境和资源保护、民政、民族等工作的重大事项；选举本级人大常委会的组成人员；选举省长、副省长，自治区主席、副主席，市长、副市长，州长、副州长，县长、副县长，区长、副区长；选举本级人民法院院长和人民检察院检察长，选出的人民检察院检察长，须报经上一级人民检察院检察长提请该级人大常委会批准；选举上一级人大代表；听取和审查本级人大常委会的工作报告；听取和审查本级人民政府和人民法院、人民检察院的工作报告；改变或者撤销本级人大常委会的不适当的决议；撤销本级人民政府的不适当的决定和命令；保护社会主义的全民所有的财产和劳动群众集体所有的财产，保护公民私人所有的合法财产，维护社会秩序，保障公民的人身权利、民主权利和其他权利；保护各种经济组织的合法权益；保障少数民族的权利；保障《宪法》和法律赋予妇女的男女平等、同工同酬和婚姻自由等各项权利。

乡、民族乡、镇的人大在本行政区域内，保证《宪法》、法律、行政法规和上级人大及其常委会决议的遵守和执行；在职权范围内通过和发布决议；根据国家计划，决定本行政区域内的经济、文化事业和公共事业的建设计划；审查和批准本行政区域内的财政预算和预算执行情况的报告；决定本行政区域内的民政工作的实施计划；选举本级人大主席、副主席；选举乡长、副乡长，镇长、副镇长；听取和审查乡、民族乡、镇的人民政府的工作报告；撤销乡、民族乡、镇的人民政府的不适当的决定和命令；保护社会主义的全民所有的财产和劳动群众集体所有的财产，保护公民私人所有的合法财产，维护社会秩序，保障公民的人身权利、民主权利和其他权利；保护各种经济组织的合法权益；保障少数民族的权利；保障《宪法》和法律赋予妇女的男女平等、同工同酬和婚姻自由等各项权利。

（相关法条：《国歌法》第四条，《国徽法》第五条）

县级以上地方各级人民代表大会常务委员会

县级以上地方各级人大常委会是本级人民代表大会的常设机关，对本级人大负责并报告工作。省、自治区、直辖市、自治州、设区的市的人大常委会由本级人大在代表中选举主任、副主任若干人，秘书长、委员若干人组成。县、自治县、不设区的市、市辖区的人大常委会由本级人大在代表中选举主任、副主任若干人和委员若干人组成。省、自治区、直辖市、自治州、设区的市的人大常委会主任、副主任和秘书长组成主任会议；县、自治县、不设区的市、市辖区的人大常委会主任、副主任组成主任会议。主任会议处理常务委员会的重要日常工作。地方各级人大常委会会议由主任召集，每两个月至少举行一次。地方各级人大常委会的任期与本级人大的任期相同。省、自治区、直辖市、自治州、设区的市的人大根据需要，可以设法制委员会、财政经济委员会、教育科学文化卫生委员会等专门委员会；县、自治县、不设区的市、市辖区的人大根据需要，可以设法制委员会、财政经济委员会等专门委员会。各专门委员会受本级人大领导;在大会闭会期间,受本级人大常委会领导。

地方各级人大常委会行使的职权是:省、自治区、直辖市的人大常委会在本级人大闭会期间,根据本行政区域的具体情况和实际需要,在不同《宪法》、法律、行政法规相抵触的前提下,可以制定和颁布地方性法规。设区的市、自治州的人大常委会,在本级人大闭会期间,根据本市的具体情况和实际需要,在不同《宪法》、法律、行政法规和本省、自治区的地方性法规相抵触的前提下,可以对城乡建设与管理、环境保护、历史文化保护等方面的事项制定地方性法规,法律对设区的市制定地方性法规另有规定的,从其规定。设区的市、自治州的地方性法规报省、自治区的人大常委会批准后施行。经济特区所在地的省、市的人大常委会根据全国人大的授权决定,制定法规,在经济特区范围内实施,根据授权制定的法规应当报授权决定规定的机关备案。

县级以上的地方各级人大常委会在本行政区域内,保证《宪法》、法律、行政法规和上级人大及其常委会决议的遵守和执行;领导或者主持本级人大代表的选举;召集本级人民代表大会会议;讨论、决定本行政区域内的政治、经济、教育、科学、文化、卫生、环境和资源保护、民政、民族等工作的重大事项;根据本级人民政府的建议,决定对本行政区域内的国民经济和社会发展计划、预算的部分变更;监督本级人民政府、人民法院和人民检察院的工作,联系本级人民代表大会代表,受理人民群众对上述机关和国家工作人员的申诉和意见;撤销下一级人大及其常委会的不适当的决议;撤销本级人民政府的不适当的决定和命令;在本级人大闭会期间,决定副省长、自治区副主席、副市长、副州长、副县长、副区长的个别任免;在省长、自治区主席、市长、州长、县长、区长和人民法院院长、人民检察院检察长因故不能担任职务的时候,从本级人民政府、人民法院、人民检察院副职领导人员中决定代理的人选;决定代理检察长,须报上一级人民检察院和人大常委会备案;根据省长、自治区主席、市长、州长、县长、区长的提名,决定本级人民政府秘书长、厅长、局长、委员会主任、科长的任免,报上一级人民政府备案;按照《人民法院组织法》和《人民检察院组织法》的规定,任免人民法院副院长、庭长、副庭长、审判委员会委员、审判员,任免人民检察院副检察长、检察委员会委员、检察员,批准任免下一级人民检察院检察长;省、自治区、直辖市的人大常委会根据主任会议的提名,决定在省、自治区内按地区设立的和在直辖市内设立的中级人民法院院长的任免,根据省、自治区、直辖市的人民检察院检察长的提名,决定人民检察分院检察长的任免;在本级人大闭会期间,决定撤销个别副省长、自治区副主席、副市长、副州长、副县长、副区长的职务;决定撤销由它任命的本级人民政府其他组成人员和人民法院副院长、庭长、副庭长、审判委员会委员、审判员,人民检察院副检察长、检察委员会委员、检察员,中级人民法院院长,人民检察院分院检察长的职务;在本级人大闭会期间,补选上一级人大出缺的代表和罢免个别代表;决定授予地方的荣誉称号。

(相关法条:《国旗法》第六条,《国徽法》第四条、第五条、第六条)

地方各级人民政府的职权

地方各级人民政府是地方各级人大的执行机关,是地方各级国家行政机关。省、自治区、直辖市和设区的市、自治州人民政府可以根据法律、行政法规和本省、自治区、直辖市的地方性法规,制定规章。

此外,《地方各级人民代表大会和地方各级人民政府组织法》还分别规定了县级以上地方各级人民政府的职权和乡、镇人民政府的职权。县级以上地方各级人民政府的职权主要包括:(1)执行本级人大及其常委会的决议,以及上级国家行政机关的决定和命令,规定行政措施,发布决定和命令;(2)领导所属各工作部门和下级人民政府的工作;(3)改变或者撤销所属各工作部门的不适当的命令、指示和下级人民政府的不适当的决定、命令;(4)依照法律的规定任免、培训、考核和奖惩国家行政机关工作人员;(5)执行国民经济和社会发展计划、预算,管理本行政区域内的经济、教育、科学、文化、卫生、体育事业、环境和资源保护、城乡建设事业和财政、民政、公安、民族事务、司法行政、监察、计划生育等行政工作;(6)保护社会主义的全民所有的财产和劳动群众集体所有的财产,保护公民私人所有的合法财产,维护社会秩序,保障公民的人身权利、民主权利和其他权利;(7)保护各种经济组织的合法权益;(8)保障少数民族的权利和尊重少数民族的风俗习惯,帮助本行政区域内各少数民族聚居的地方依照《宪法》和法律实行区域自治,帮助各少数民族发展政治、经济和文化的建设事业;(9)保障《宪法》和法律赋予妇女的男女平等、同工同酬和婚姻自由等各项权利;(10)办理上级国家行政机关交办的其他事项。

乡、民族乡、镇的人民政府的职权主要包括:(1)执行本级人大的决议和上级国家行政机关的决定和命令,发布决定和命令;(2)执行本行政区域内的经济和社会发展计划、预算,管理本行政区域内的经济、教育、科学、文化、卫生、体育事业和财政、民政、公安、司法行政、计划生育等行政工作;(3)保护社会主义的全民所有的财产和劳动群众集体所有的财产,保护公民私人所有的合法财产,维护社会秩序,保障公民的人身权利、民主权利和其他权利;(4)保护各种经济组织的合法权益;(5)保障少数民族的权利和尊重少数民族的风俗习惯;(6)保障《宪法》和法律赋予妇女的男女平等、同工同酬和婚姻自由等各项权利;(7)办理上级人民政府交办的其他事项。

（相关法条:《国旗法》第四条,《国歌法》第十四条,《国徽法》第四条、第十四条）

村民委员会、居民委员会

村民委员会、居民委员会是农村村民或者城市居民自我管理、自我教育、自我服务的基层群众性自治组织,是基层群众实行民主选举、民主决策、民主管理、民主监督的组织形式。自我管理就是群众自己管理自己,自己约束自己,自己管理本村或者本居住地区的事务。村民之间、居民之间、邻里之间、村民或居民与村委会或者居委会之间;每个村民或居民对于本居住地区,应当做什么,不应当做什么,违反了村民或者居民之间的约定如何处理等问题,都要由村民或居民自己来决定。自我教育就是通过开展基层群众自治活动,使村民或者居民受到各种教育,包括法制教育、道德教育和民主教育等,教育者和被教育者成为一个有机的统一体。自我服务就是村民或居民有组织地为自身的生产、生活提供服务。兴办什么样的服务项目,根据群众的需要,自己决定;服务所需的费用,由群众自己筹集。目前的自我服务主要是两个方面的内容:社会服务,兴办公共事务和公益事业,如修桥铺路,兴办托儿所、养老院等;生产或生活服务,农村地区主要是为农业生产的产前产中或产后提供各种服务,如播种、灌溉、植保、收割、销售等,城市地区主要是为居民生活提供各种服务。

（相关法条:《国旗法》第七条）

民族区域自治

《宪法》第四条第三款规定:“各少数民族聚居的地方实行区域自治,设立自治机关,行使自治权。各民族自治地方都是中华人民共和国不可分离的部分。”民族区域自治,就是在统一的祖国大家庭内,在国家的统一领导下,在少数民族聚居的地区设立自治机关,在国家的统一领导下,在少数民族聚居的地区设立自治机关,管理本民族内部事务和地方性事务。《宪法》在“国家机构”一章中专设一节,规定民族自治地方的自治机关和自治权。

民族区域自治具有以下几个特征:(1)各民族自治地方都是中华人民共和国不可分离的部分,各民族自治地方的自治机关都是在中央统一领导下的一级地方国家政权。(2)以少数民族聚居地为基础,设立民族自治地方。(3)民族自治地方设立自治机关,行使自治权,管理本民族自治地方的事务。民族自治地方的自治机关是自治区、自治州、自治县的人民代表大会和人民政府。

民族自治地方享有广泛的自治权。主要包括:(1)依照当地民族的政治、经济和文化的特点,制定自治和单行条例,对于上级机关不适合民族自治地方的决议、决定、命令和指示,报经上级机关批准,可以变通或者停止执行;(2)自主管理民族自治地方的财政;(3)自主管理和安排民族自治地方的经济建设事业;(4)自主管理民族自治地方的教育、科学、文化、卫生和体育等事业;(5)自主使用和发展自己的语言文字,保持或者改革自己的风俗习惯等。《宪法》和《民族区域自治法》等法律有关民族自治地方自治权的规定,是实行民族区域自治,保证少数民族人民充分行使当家做主权利的重要保障。

(相关法条:《国旗法》第七条)

特别行政区

特别行政区,是指根据《宪法》规定,在维护国家的主权、统一和领土完整的前提下,设立的具有特殊法律地位,实行特殊的政治、经济、文化、社会制度的行政区域。《宪法》第三十一条规定:"国家在必要时得设立特别行政区。在特别行政区内实行的制度按照具体情况由全国人民代表大会以法律规定。"这一规定是1982年修改《宪法》时,为了解决香港、澳门和台湾地区的统一问题作出的规定,为"一国两制"方针提供了《宪法》依据。特别行政区具有以下几个特点:第一,特别行政区仍然是中华人民共和国领土不可分割的部分,是在中央人民政府统一领导下的地方行政区域;第二,特别行政区享有高度的自治权;第三,特别行政区可以实行自己独有的社会制度、经济制度和生活方式长期不变。我国政府已于1997年、1999年先后恢复对香港、澳门行使主权,并设立了香港特别行政区和澳门特别行政区。在特别行政区实行的各项制度,涉及国家的主权、统一和领土完整,涉及特别行政区居民的权利和义务,涉及中央与特别行政区的关系等问题,必须由作为最高立法机关的全国人民代表大会以法律规定。全国人民代表大会已分别于1990年、1993年制定了《香港特别行政区基本法》《澳门特别行政区基本法》。根据两个基本法的规定,香港、澳门拥有高度的自治权,除了国防和外交等事务统一由中央政府管理外,包括立法权、行政权、独立的司法权和终审权等在内的广泛的权力都归特别行政区享有,真正做到了"港人治港""澳人治澳""高度自治"。实践证明,"一国两制"方针在香港、澳门的实行,既解决了我国历史遗留的国家统一问题,又维护了香港、澳门的繁荣稳定,是一项伟大的创举。

中国人民政治协商会议

《宪法》序言中规定:“中国共产党领导的多党合作和政治协商制度将长期存在和发展。”中国人民政治协商会议是具有广泛代表性的统一战线组织,也是中国共产党领导的多党合作和政治协商制度的一种重要组织形式。人民政协围绕团结和民主两大主题履行职能,发挥政治协商、民主监督和参政议政的作用,对于巩固爱国统一战线,发展社会主义民主,促进全国各族人民大团结,推进中国特色社会主义事业,具有重要的意义。

中国人民政治协商会议设全国委员会和地方委员会。全国委员会指导地方委员会,上级地方委员会指导下级地方委员会。中国人民政治协商会议地方委员会对全国委员会的全国性决议,下级地方委员会对上级地方委员会的全地区性的决议,都有遵守和履行的义务。根据实际工作的需要,中国人民政治协商会议全国委员会和地方委员会可以设立办公厅、专门委员会及其他工作机构。

(相关法条:《国旗法》第二条、第五条,《国歌法》第四条)

中华人民共和国主席

国家主席在国家政治生活中具有十分重要的地位和作用。《宪法》规定,中华人民共和国主席由全国人大选举产生。由于国家主席是一种十分重要的职务,不仅需要以国家最高代表的身份,在国家内部事务中以国家的名义进行活动,同时在国际事务中,以国家象征的身份代表国家的尊严和地位。因此,对于如此重要的职务,需要担任者在国内外享有较高的声誉和威望,具备较强的政治素质与工作能力,具备丰富的处事经验和成熟的人生阅历,只有到了一定年龄的人才可能具备这种条件。因此,《宪法》规定有选举权和被选举权的年满四十五周岁的公民,可以被选为国家主席。国家主席每届任期同全国人民代表大会任期相同,每届任期五年。为了防止国家领导职务的终身制,国家主席连续任职不得超过两届。

国家主席是由全国人大选举产生的国家机构的组成部分,行使《宪法》规定的职权。主要有下列职权:(1)根据全国人民代表大会的决定和全国人民代表大会常务委员会的决定,公布法律。(2)向全国人大提名国务院总理人选;根据全国人大和全国人大常委会的决定,任免国务院总理、副总理、国务委员、各部部长、各委员会主任、审计长、秘书长。(3)根据全国人大和全国人大常委会的决定,发布特赦令,宣布进入紧急状态,宣布战争状态,发布动员令。(4)根据全国人大常委会的决定,授予国家的勋章和荣誉称号。(5)代表中华人民共和国,进行国事活动,接受外国使节;根据全国人大常委会的决定,派遣和召回驻外全权代表,批准和废除同外国缔结的条约和重要协定。

(相关法条:《国旗法》第十四条,《国徽法》第七条)

国务院

根据我国《宪法》规定,中华人民共和国国务院,即中央人民政府,是最高国家权力机关的执行机关,是最高国家行政机关。国务院对全国人大负责并报告工作;在全国人大闭会期间,对全国人大常委会负责并报告工作。这些规定明确了国务院的性质和国务院在国家机构体系中的地位。国务院由总理、副总理若干人、国务委员若干人、各部部长、各委员会主任、审计长和秘书长组成。国务院每届任期同全国人大每届任期相同。

国务院的职权大体上可以归纳为以下几个方面:(1)根据《宪法》和法律,规定行政措施,制定行政法规,发布决定和命令。(2)向全国人大或者全国人大常委会提出议案。国务院所提议案的范围包括:法律案、预算案、任免案、条约案、国民经济和社会发展计划案,以及在国务院职权范围内必须由最高国家权力机关审议和决定的其他事项。(3)统一领导国家行政机关的工作。这类职权包括:规定各部和各委员会的任务和职责,统一领导各部和各委员会的工作,并且领导不属于各部和各委员会的全国性的行政工作;统一领导全国地方各级国家行政机关的工作,规定中央和省、自治区、直辖市的国家行政机关的职权的具体划分;改变或者撤销各部、各委员会发布的不适当的命令、指示和规章;改变或者撤销地方各级国家行政机关的不适当的决定和命令;审定行政机构的编制,依照法律规定任免、培训、考核和奖惩行政人员。(4)领导和管理国家内政、外交等各方面的行政工作。这类职权包括:编制和执行国民经济和社会发展计划和国家预算;领导和管理经济工作和城乡建设,教育、科学、文化、卫生、体育、计划生育、民政、公安、司法行政、监察等工作,国防建设;管理对外事务,同外国缔结条约和协定;领导和管理民族事务,保障少数民族的平等权利和民族自治地方的自治权利;保护华侨的正当的权利和利益,保护归侨和侨眷的合法的权利和利益;批准省、自治区、直辖市的区域划分,批准自治州、县、自治县、市的建置和区域划分;依照法律规定决定省、自治区、直辖市的范围内部分地区进入紧急状态。(5)全国人大和全国人大常委会授予的其他职权。

国务院总理的人选,由国家主席提名,全国人大决定,国家主席任免。总理连续任职不得超过两届。总理是国务院的行政首长,全面领导和主持国务院的工作,对国务院的工作承担责任。

（相关法条:《国旗法》第五条、第六条、第十四条,《国歌法》第十条,《国徽法》第六条、第七条、第八条）

中央军事委员会

我国《宪法》规定,中华人民共和国中央军事委员会领导全国武装力量。这一规定表明,中央军事委员会是国家最高军事领导机关。中央军事委员会由主席,副主席若干人,委员若干人组成。中央军事委员会主席由全国人大选举产生。中央军事委员会每届任期同全国人大每届任期相同。考虑到军事领导工作的特殊性,军委主席没有任职届数的限制,可以连选连任。

现行《宪法》将中央军事委员会单列一节,第九十四条规定中央军事委员会主席对全国人大及其常委会负责。中央军事委员是由全国人大选举产生的国家最高军事领导机关,军队实行高度集中统一领导,中央军委主席对中央军委的工作负全责,而不像行政机关那样,由国务院向最高权力机关负责。这是军事工作的特殊性所决定的,说明中央军委比国务院具有更高的集中程度和个人责任程度,也体现出中央军事委员会在国家机构体系中处于从属于最高国家权力机关的地位。

中央军事委员会作为国家武装力量的最高领导机关,其职能是领导全国武装力量完成《宪法》赋予人民军队和其他武装力量巩固国防、抵抗侵略、保卫祖国、保卫人民的和平劳动、参加国家建设事业和努力为人民服务的神圣使命。

（相关法条：《国旗法》第五条、第十条，《国歌法》第九条，《国徽法》第四条、第六条）

人民法院

《宪法》第一百二十三条规定："中华人民共和国人民法院是国家的审判机关。"这一规定表明，人民法院作为国家的审判机关，在性质、地位上不同于国家权力机关、国家行政机关，也不同于国家检察机关，而是专门行使国家审判权的机关。审判权，是指人民法院依照法律对刑事案件、民事案件、行政案件和其他案件进行审理和判决的权力。人民法院依照法律规定独立行使审判权，不受行政机关、社会团体和个人的干涉。

根据《宪法》以及《人民法院组织法》等法律的规定，我国设立最高人民法院、地方各级人民法院和军事法院等专门人民法院。其中，最高人民法院是国家最高审判机关。地方各级人民法院分为基层人民法院、中级人民法院和高级人民法院三级。专门人民法院包括军事法院、海事法院、知识产权法院和其他专门法院。此外，全国人大常委会还专门作出决定，设立新疆生产建设兵团人民法院。

最高人民法院对全国人大和全国人大常委会负责。地方各级人民法院对产生它的国家权力机关负责。最高人民法院院长由全国人大选举，副院长、庭长、副庭长、审判员由全国人大常委会任免。最高人民法院院长每届任期同全国人大每届任期相同，连续任职不得超过两届。地方各级人民法院院长由本级人大选举，副院长、庭长、副庭长和审判员由本级人大常委会任免。各级人民法院院长的任期与本级人大每届任期相同。最高人民法院对全国人大和全国人大常委会负责并报告工作。地方各级人民法院对本级人大及其常委会负责并报告工作。

最高人民法院是最高审判机关。最高人民法院监督地方各级人民法院和专门人民法院的审判工作,上级人民法院监督下级人民法院的审判工作。最高人民法院对各级人民法院已经发生法律效力的判决和裁定,上级人民法院对下级人民法院已经发生法律效力的判决和裁定,如果发现确有错误,有权提审或者指令下级人民法院再审。

(相关法条:《国旗法》第五条、第六条,《国徽法》第四条、第五条、第六条)

人民检察院

《宪法》第一百二十九条规定:“中华人民共和国人民检察院是国家的法律监督机关。”这一规定表明,人民检察院在性质上不同于国家权力机关、国家行政机关,也不同于国家审判机关,而是专门行使国家检察权的机关。在我国,除了由全国人大及其常委会对《宪法》的实施进行监督,地方各级人大在本行政区域内保证《宪法》、法律和行政法规的遵守和执行外,国家还设立各级人民检察院,作为专门的法律监督机关,通过行使法律监督权,保证法律的统一实施。

根据《宪法》和《人民检察院组织法》,我国设立最高人民检察院、地方各级人民检察院和军事检察院等专门人民检察院。

各级人民检察院检察长的任期，与本级人大每届任期相同。最高人民检察院检察长连续任职不得超过两届。最高人民检察院对全国人大和全国人大常委会负责。地方各级人民检察院对产生它的国家权力机关和上级人民检察院负责。地方各级人民检察院检察长分别由本级人民代表大会选举产生，并报上级人民检察院检察长提请同级人民代表大会常务委员会批准；副检察长、检察员和检察委员会委员由检察长提请同级人大常委会任免。

最高人民检察院是最高检察机关。最高人民检察院领导地方各级人民检察院和专门人民检察院的工作，上级人民检察院领导下级人民检察院的工作。最高人民检察院对于各级人民法院已经发生法律效力的判决和裁定，上级人民检察院对于下级人民法院已经发生法律效力的判决和裁定，如果发现确有错误，应当按照审判监督程序提出抗诉。

（相关法条：《国旗法》第五条、第六条，
《国徽法》第四条、第六条）

人民大会堂

人民大会堂位于中国北京市天安门广场西侧，西长安街南侧。人民大会堂坐西朝东，南北长 336 米，东西宽 206 米，高 46.5 米，占地面积 15 万平方米，建筑面积 17.18 万平方米。人民大会堂是全国人民代表大会开会地和全国人民代表大会常务委员会的办公场所，是党、国家和各人民团体举行政治活动的重要场所，每年举行的中国人民政治协商会议全国委员会会议以及五年一届的中国共产党全国代表大会以及中央全会、全国人大常委会会议等系列重要会议也在此召开。人民大会堂也是党和国家领导人和人民群众举行政治、外交、文化活动的场所。

（相关法条:《国徽法》第五条）

天安门广场

天安门广场,位于北京市中心,地处北京市东城区东长安街,北起天安门,南至正阳门,东起中国国家博物馆,西至人民大会堂,中央矗立着人民英雄纪念碑和庄严肃穆的毛主席纪念堂,南北长880米,东西宽500米,面积达44万平方米,可容纳100万人举行盛大集会,是世界上最大的城市广场。"五四"运动、"一二·九"运动、"五·二〇"运动都在这里发生。1949年10月1日,中华人民共和国成立,广场举行开国大典,毛泽东率领党、政、军和各民主党派、群众团体的负责人登上天安门城楼,向全世界宣告中华人民共和国成立。在《义勇军进行曲》的雄壮旋律中,毛泽东按动电钮,新中国第一面鲜艳的五星红旗冉冉升起。1984年、1999年、2009年举行阅兵式,庆祝中华人民共和国成立;2015年9月3日举行阅兵式,纪念中国人民抗日战争胜利70周年。每年的春、夏、秋三季节,遇有外国国家元首、政府首脑进行国事访问、正式访问,国家主席、国务院总理都会在天安门广场西的人民大会堂东门外广场举行欢迎仪式。因此,天安门广场见证了中国人民一次次争取自由民主,反抗外国侵略和反动统治的斗争,记载了中国人民不屈不挠的革命精神和大无畏的英雄气概;是无数重大政治、历史事件的发生地,是中国从衰落到崛起的历史见证;是共和国举行重大庆典、盛大集会和外事迎宾的神圣重地。天安门还被设计入国徽,成为国家标志的一部分。

天安门广场在中国人民心中，是祖国的心脏和圣地；对于外国人来说，是中国的象征。因此，在天安门广场中每日升挂国旗，具有重大的历史意义和现实意义。

（相关法条：《国旗法》第五条）

新　华　门

新华门坐落在北京西长安街西段路北，朝向长安街，是中南海的南门，也是正门，为中南海的标志，门口一面五星红旗高高飘扬。中南海是中共中央和国务院的办公地点，是中国政治生活的心脏，也是中国国家权力的象征。因此，在新华门外，也应当每日升挂国旗。

（相关法条：《国旗法》第五条）

外　交　部

外交部主管外交事务，负责执行我国外交方针政策，代表国家维护国家主权、安全和利益，代表国家和政府办理外交事务，承办党和国家领导人与外国领导人的外交往来事务。在外交部所在地，需要进行大量与外交事务有关的工作，包括召见有关国家大使、发布重要外交信息等。因此，在外交部每日升挂国旗是十分必要的。我国外交部所在地位于朝阳门南大街2号。

（相关法条：《国旗法》第四条、第五条、第九条、第十五条，《国歌法》第九条、第十条，《国徽法》第四条、第八条）

出境入境口岸

口岸是一个主权国家根据自己的政策需要和具体的地理条件而指定的对外交往门户。口岸原意是指由国家制定的对外通商的沿海港口。随着陆、空、水交通运输的发展,对外贸易的货物、进出境人员及其行李物品、邮件包裹等,可以通过铁路、公路、航空、内河航运直达一国腹地。在和平时期,口岸是国内外人员交往、对外贸易货物和交通工具出入境的场所。每个主权国家在口岸上都设置有检查检验机关,既为外贸货物和交通工具的出入和国内外人员的交往提供服务,又为国家严格把关,制止非法出入境。我国是一个陆地大国,陆上与俄罗斯、朝鲜、越南等14个国家接壤,我国也是一个海洋大国,有日本、菲律宾等6个海上邻国。我国是一个开放的国家,每日出入境人数和进出口货物量都很巨大,全国共有约300个航空、水运、铁路、公路口岸。各类口岸,包括出境入境的机场、港口、火车站和其他边境口岸,是国家边界和领土主权的象征,人们形象地将口岸称为“国门”,意即跨过口岸,即进入国家的大门。在这里每日升挂国旗,是对国家行使管制权的一种宣示。

(相关法条:《国旗法》第五条,《国徽法》第五条)

边防海防哨所

我国是一个边防海防大国,陆地边界线和大陆海岸线总长4万余公里。边防海防哨所位于国家边界的最前线,是保卫国家主权和领土完整的第一站。大部分哨所处于边远地区,交通不便,条件恶劣,虽无雄伟的“国门”和涌动的人潮,但哨所官兵每天在边境线上站岗巡逻,维护界碑,履行着戍守祖国边疆,维护边境安全的光荣使命和职责。在每一个哨所每日升挂国旗,是对国家主权的宣示,表明国家和军队捍卫国家领陆、领海神圣不可侵犯的决心,具有十分重大的意义。

（相关法条:《国旗法》第五条）

第五部分

立法背景文件

关于《中华人民共和国国旗法（草案）》的说明

——1990 年 2 月 19 日在第七届全国人民代表大会常务委员会第十二次会议上

国务院法制局局长　孙琬钟

委员长、各位副委员长、各位委员：

我受国务院的委托，现就《中华人民共和国国旗法（草案）》（以下简称《草案》）作如下说明：

一、关于制定《中华人民共和国国旗法》的必要性

国旗是国家的标志，代表国家的主权和尊严。世界各国国旗的式样、图案、色彩和使用办法，均由宪法和专门法律规定。我国历次颁布的宪法也都对国旗的样式做了原则规定，但对国旗的悬挂或使用，国旗图案的具体布局等事项，则一直没有具体法律规定。实践中，国旗的使用比较混乱，国旗的制作也不统一。为了维护国家的主权和尊严，增强公民的国家观念和爱国意识，加强爱国主义教育，制定一部专门的国旗法，完善国旗方面的法律规定，是非常必要的。

二、关于国旗的构成

各国国旗的区别，主要表现在国旗的具体构成（如国旗的形状、颜色、图案等具体要素)的不同。因此,国旗的构成,是国旗法中非常重要的一个问题。对此,《草案》作了具体规定:"中华人民共和国国旗是五星红旗。旗面为红色,长方形,长度和高度的比例是三比二。五颗星是黄色五角星,位于旗面左上方,其中左侧一颗大星的外接园直径为旗高的十分之三,环拱于大星右侧的四颗小星的外接园直径为旗高的十分之一,四颗小星都有一角正对大星的中心(以旗杆在旗面左边为标准,旗杆在旗面右边则相反)。"

三、关于升挂国旗的范围

升挂国旗是公民国家观念和爱国意识强的一种表现。《草案》中分三种情况规定了升挂国旗的范围:一是各级人民代表大会常务委员会,县级以上人民政府、人民法院、人民检察院、中国人民政治协商会议,中央军事委员会,国务院各部委;各政党中央委员会;全日制各类学校;民用机场、港口、边防检查站、边境口岸和县级以上人民政府所在地的火车站;国家驻外使领馆及其他外交代表机构等,应当每日升挂国旗。二是社会团体和企业、事业单位,应当在国庆日、元旦、国际劳动节升挂国旗。三是举办重大国事活动、体育运动会和其他重大活动,应当升挂国旗。为了鼓励公民升挂国旗,《草案》还规定,在国庆日、元旦、国际劳动节等节日里,国家鼓励公民以家庭为单位升挂国旗。

四、关于升降国旗的时间

关于国旗升降的时间,《草案》作了原则规定,即一般情况下国旗的升降时间是,早晨日出之际升起,傍晚日落之际降下。

五、关于下半旗

关于下半旗包括下半旗的适用条件和决定下半旗的机关,《草案》作了具体规定。其中,关于下半旗的适用条件除肯定了我国长期以来的实际作法,即国家主要领导人逝世后可以下半旗外,还规定了三种情况：一是为了增强公民的爱国意识，表彰那些为中华民族作出杰出贡献的人，规定“对中华民族作出杰出贡献的人”逝世后可以下半旗；二是为了表明我国的国际主义态度，参照外国的作法，规定“为世界和平或者人类进步事业作出杰出贡献的人”逝世后可以下半旗；三是为了表示国家对重大伤亡事故或者因重大自然灾害造成人员伤亡的哀悼，规定“发生特别重大伤亡事故或者因重大自然灾害造成人员伤亡时”可以下半旗。

我的说明完了，请审议。

全国人大法律委员会对《中华人民共和国国旗法（草案）》审议结果的报告

——1990年6月20日在第七届全国人民代表大会常务委员会第十四次会议上

全国人大法律委员会副主任委员　项淳一

全国人民代表大会常务委员会：

七届全国人大常委会第十二次和第十三次会议对国旗法（草案）进行了审议，法律委员会和法制工作委员会还将草案印发各省、自治区、直辖市征求意见，并邀请中央和北京市有关部门以及一些法律专家开了5次座谈会。法律委员会于1990年5月24日、30日召开会议，根据常委委员们的审议意见和各方面的意见，审议了国旗法（草案）。法律委员会认为，为了维护国旗的尊严，增强公民的国家观念，发扬爱国主义精神，制定这个法很有必要，草案基本上是可行的。同时，提出以下修改意见：

一、草案第二条第二款规定了国旗的标准制作方法。考虑到中华人民共和国国旗是1949年9月中国人民政治协商会议第一届全体会议通过的，会议主席团同时公布的国旗制法说明是国旗的法定制法,现在国旗仍应按照这个说明制作,本法可以不再具体规定。因此,建议将这一款修改为:“中华人民共和国国旗按照中国人民政治协商会议第一届全体会议主席团公布的国旗制法说明制作。”(修改稿第二条第二款)并建议将第一届全国政协主席团公布的国旗制法说明在本法公布的同时重新公布。

二、草案第五条规定,国庆日、元旦和国际劳动节,社会团体和企业、事业单位应当升挂国旗;国家鼓励公民以家庭为单位升挂国旗。许多委员和地方、部门提出,升挂国旗的节日应当增加春节;规定鼓励以家庭为单位升挂国旗,难以执行。有的委员和民族自治地方提出,应当规定自治区、自治州、自治县成立纪念日和传统民族节日,当地可以升挂国旗。因此,建议将这一条修改为:

“国家规定全国普遍放假的国庆节、国际劳动节、元旦、春节,各级国家机关和各人民团体应当升挂国旗;企业事业组织、城镇居民院(楼)以及广场、公园等公共活动场所,有条件的可以升挂国旗。

“不以春节为传统节日的少数民族地区,春节可以不升挂国旗。

“民族自治地方在民族自治地方成立纪念日和传统民族节日,可以升挂国旗。”(修改稿第八条)

三、有些委员和部门提出,外交活动中和驻外使馆领馆升挂、使用国旗的问题,船舶、军舰升挂国旗的问题,本法应当作出原则规定。因此,经征求有关主管部门的意见,建议增加规定:

“外交活动以及国家驻外使馆领馆和其他外交代表机构,按照外交部的规定升挂、使用国旗。”(修改稿第十条)

“军事机关、军队营区、军用舰船,按照有关军事条令的规定升挂国旗。”(修改稿第十一条)

“民用船舶和进入中国领水的外国船舶,按照国务院交通主管部门的规定升挂国旗。”“公安部门执行边防、治安、消防任务的船

舶,按照国务院公安部门的规定升挂国旗。"(修改稿第十二条)

四、根据有些委员、地方、部门和专家的意见,建议对升旗仪式、升挂国旗的方式以及下半旗的方式,增加以下规定:

1."升挂国旗时,可以举行升旗仪式。

"全日制中学小学,除假期外,每周至少举行一次升旗仪式。

"举行升旗仪式时,在国旗升起的过程中,参加者应当面向国旗肃立致敬,并可以奏国歌或者唱国歌。"(修改稿第十四条)

2."升挂国旗,应当将国旗置于显著的位置。

"列队举持国旗和其他旗帜行进时,国旗应当在其他旗帜之前。

"国旗与其他旗帜同时升挂时,应当将国旗置于中心、较高或者突出的位置。

"在外事活动中同时升挂两个以上国家的国旗时,应当按照外交部的规定或者国际惯例升挂。"(修改稿第十六条)

3."在直立的旗杆上升降国旗,应当徐徐升降。升起时,必须将国旗升至杆顶;降下时,不得使国旗落地。

"下半旗时,应当先将国旗升至杆顶,然后降至旗顶与杆顶之间的距离为旗杆全长的三分之一处;降下时,应当先将国旗升至杆顶,然后再降下。"(修改稿第十七条)

五、草案第十一条规定:"对于故意毁损、玷污、践踏和以其他方式侮辱国旗的,公安机关可以处以警告或者十五日以下拘留;情节严重构成犯罪的,由司法机关处三年以下有期徒刑或者拘役。"有些法律专家、部门和地方提出,刑法没有规定侮辱国旗罪,如果规定这个罪名,最好采取对刑法作补充规定的方式。有的法律专家还建议对侮辱国徽罪一并作出规定。因此,建议将这一条修改为:"在公众场合故意以焚烧、毁损、涂划、玷污、践踏等方式侮辱中华人民共和国国旗的,依法追究刑事责任;情节较轻的,参照治安管理处罚条例的处罚规定,由公安机关处以十五日以下拘留。”(修改稿第二十条)同时,建议由全国人大常委会作出《关于惩治侮辱中华人民共和国国旗国徽罪的决定》:“在公众场合故意以焚烧、毁损、涂划、玷污、践踏等方式侮辱中华人民共和国国旗、国徽的,处三年以下有期徒刑、拘役、管制或者剥夺政治权利。”至于以侮辱国旗的方法宣传煽动推翻人民民主专政的政权、危害国家的,则应依照刑法第一百零二条的规定追究刑事责任。

此外,还对草案作了一些文字修改。

草案修改稿已按上述意见作了修改,法律委员会建议全国人大常委会审议通过。

修改稿和以上意见是否妥当,请审议。

全国人大法律委员会

1990 年 5 月 30 日

对《中华人民共和国国旗法(草案)》(修改稿)一些修改意见的汇报

——1990年6月27日在第七届全国人民代表大会常务委员会第十四次会议上

全国人大法律委员会副主任委员　项淳一

这次会议对国旗法(草案修改稿)进行了分组审议。委员们认为,这个修改稿吸收委员们的审议意见和各地方、各方面的意见,修改得比较好,同意这次会议予以通过。同时,也提出了一些修改意见。法律委员会于6月23日召开会议,逐条研究了委员们的意见,建议对修改稿作如下修改:

一、有些委员提出,应增加规定乡、镇人民政府在工作日升挂国旗。因此,建议将修改稿第六条规定"县级以上地方各级人民代表大会常务委员会、人民政府、人民法院、人民检察院,中国人民政治协商会议地方各级委员会,应当在工作日升挂国旗"中的"县级以上"四字删去,这样在工作日升挂国旗的就包括了乡、镇人民政府。(新修改稿第六条)

二、修改稿第七条规定:"各政党升挂国旗的具体办法,由各政党决定。"有些委员提出,本法对政党升挂国旗的办法,应当作出统一的、具体的规定,不宜由各政党自行决定。有些委员则认为,法律对政党升挂国旗是否需要规定以及如何规定,都还需要进一步研究,本法以暂不作规定为好。法律委员会经过研究,建议将这一条规定删去。

三、根据有些委员的意见,建议在修改稿第八条第一款规定的节日升挂国旗的,增加"村民委员会、居民委员会"。(新修改稿第七条第一款)

四、根据有些委员和民族委员会的意见,建议将修改稿第八条第二款"不以春节为传统节日的少数民族地区,春节可以不升挂国旗"的规定修改为:"不以春节为传统节日的少数民族地区,春节是否升挂国旗,由民族自治地方的自治机关规定。"(新修改稿第七条第二款)

五、根据有些委员的意见,建议将修改稿第十条修改为:"外交活动以及国家驻外使馆领馆和其他外交代表机构升挂、使用国旗的办法,由外交部规定。"(新修改稿第九条)将修改稿第十一条修改为:"军事机关、军队营区、军用舰船,按照中央军事委员会的有关规定升挂国旗。"(新修改稿第十条)将修改稿第十二条修改为:"民用船舶和进入中国领水的外国船舶升挂国旗的办法,由国务院交通主管部门规定。""公安部门执行边防、治安、消防任务的船舶升挂国旗的办法,由国务院公安部门规定。"(新修改稿第十一条)

此外,根据有些委员的意见,还对修改稿作了个别文字修改。

以上意见是否妥当,请审议。

关于《中华人民共和国国歌法(草案)》的说明

——2017年6月22日在第十二届全国人民代表大会常务委员会第二十八次会议上

全国人大常委会法制工作委员会主任　沈春耀

委员长、各位副委员长、秘书长、各位委员:

我受委员长会议的委托,作关于《中华人民共和国国歌法(草案)》的说明。

一、制定本法的必要性

我国宪法第一百三十六条规定,“中华人民共和国国歌是《义勇军进行曲》。”《义勇军进行曲》是上个世纪三十年代中期电影《风云儿女》的主题曲,由田汉作词、聂耳作曲。在日本帝国主义加紧侵略中国,中华民族到了生死存亡的紧急关头,《义勇军进行曲》以铿锵有力的词句伴着雄壮激昂的旋律,唱出了中国人民反帝爱国的强烈心声,激励着中华儿女挺起脊梁、众志成城,以血肉之躯筑起拯救民族危亡的钢铁长城。歌曲一经问世,就在大江南北、长城内外广为传唱,并在世界很多国家传播。《义勇军进行曲》凝结着中国共产党领导中国各族人民为争取民族独立、人民解放和实现国家富强、人民富裕不屈不挠、英勇奋斗的精神，凝聚着各族人民实现中华民族伟大复兴的梦想。1949 年新中国成立前夕，中国人民政治协商会议第一届全体会议决定，在国歌未正式制定前，以《义勇军进行曲》为国歌。1978 年五届全国人大一次会议通过关于国歌的决定，更改了国歌歌词，但各方面一直有不同意见。1982 年五届全国人大五次会议决定：恢复《义勇军进行曲》为国歌。2004 年十届全国人大二次会议通过宪法修正案，明确规定“中华人民共和国国歌是《义勇军进行曲》”。

多年来，国歌所承载的爱国情怀、忧患意识和奋勇前行的民族精神深入人心，广大人民群众热爱祖国、尊崇国歌，国歌奏唱和使用总体情况是比较好的。但实际生活中也存在奏唱国歌不规范、参与者举止不得体，国歌标准曲谱未予发布，影响奏唱和播放效果等。2014 年 12 月，中共中央办公厅、国务院办公厅印发了《关于规范国歌奏唱礼仪的实施意见》，实施后发挥了十分重要的作用。国歌是宪法确立的国家重要象征和标志，制定一部专门的国歌法，通过国家立法对国歌的奏唱场合、奏唱礼仪和宣传教育等进行规范，对于保证宪法的有效实施，增强国歌奏唱的严肃性和规范性，维护国家尊严，提升公民的国家观念和爱国意识，培育和践行社会主义核心价值观，弘扬以爱国主义为核心的伟大民族精神，激励全国各族人民为实现中华民族伟大复兴的中国梦而共同奋斗，具有重大意义，是十分必要的。

二、草案起草的工作过程和指导思想

近年来，全国人大代表、全国政协委员多次提出关于制定国歌法的议案、建议、提案。今年初，习近平总书记对国歌立法作出重要批示。全国人大常委会高度重视，将国歌法列入 2017 年立法工作计划。今年以来，法制工作委员会着手开展调研起草工作，广泛征求意见，召开座谈会听取中央有关部门、全国人大代表、全国政协委员以及权威音乐家的意见，赴中国人民解放军军乐团、天安门国旗护卫队进行调研，经反复研究、修改并征求中央有关部门意见后，形成了《中华人民共和国国歌法(草案)》。

制定本法的指导思想：一是，通过国家立法落实宪法规定的国家标志重要制度，为践行社会主义核心价值观，弘扬中国精神、凝聚中国力量提供法治保障。二是，准确把握本法的定位，突出重点，针对实际中存在的突出问题，重点对应当奏唱国歌的场合，国歌标准曲谱的审定、发布和使用，奏唱礼仪规范以及不得奏唱、播放国歌的场合作出规范。三是，坚持从实际出发，注重规范与引导并重，在保证国歌奏唱的严肃性和规范性的同时，加强国歌宣传教育，鼓励广大人民群众唱国歌、爱国歌，弘扬爱国主义精神。

三、草案的主要内容

(一)关于国歌的地位

根据宪法，草案规定，中华人民共和国国歌是《义勇军进行曲》。同时规定，中华人民共和国国歌是中华人民共和国的象征和标志。草案附件载明了国歌的歌词和曲谱。

(二)关于奏唱国歌的场合

根据实际做法并结合现行规定和有关惯例，草案明确规定七类场合应当奏唱国歌，包括全国人民代表大会和地方各级人民代表大会开幕会议、闭幕会议；中国人民政治协商会议全国委员会和地方委员会开幕会议、闭幕会议；宪法宣誓仪式；升国旗仪式；各级机关组织的重大庆典活动、重要表彰仪式、重大纪念仪式、国家公祭等；重大外交活动；重大体育赛事；其他需要奏唱国歌的场合。同时，草案规定，不得在私人丧事活动等不适宜的场合奏唱、播放国歌。国歌不得用于或者变相用于商标、广告、公共场所使用的背景音乐等。

（三）关于国歌奏唱的形式和礼仪

为了体现国歌的严肃性和权威性，草案规定："奏唱国歌，应当按照本法规定的歌词和曲谱，不得修改国歌歌词，不得采取损害国歌尊严、影响国家形象的奏唱形式。"为增强奏唱国歌的仪式感，体现对国家象征的尊重和维护，草案规定："奏唱国歌时，在场人员应当肃立，举止庄重。举行升国旗仪式奏唱国歌时，在场人员应当面向国旗，着制式服装的现役军人、人民武装警察、人民警察等人员行举手礼，其他人员行注目礼。"

（四）关于国歌标准曲谱和官方录音版本

1982年五届全国人大五次会议通过《关于中华人民共和国国歌的决议》时发布了国歌的曲谱（旋律谱）。但长期以来，我国未发布标明配器、奏唱速度和力度的国歌标准曲谱，未发布用于播放的国歌官方录音版本，国歌演奏存在不规范现象，演奏、播放效果受到影响。针对上述问题，草案规定，国务院确定的主管部门组织审定用于演奏的国歌标准曲谱，录制用于播放的国歌官方录音版本。国歌标准曲谱和国歌官方录音版本，应当在中国政府网上发布。在本法规定应当奏唱国歌的场合奏唱、播放国歌的，应当使用国歌标准曲谱和国歌官方录音版本。此外，草案还规定外交部及驻外外交机构、国务院体育行政部门应当将国歌标准曲谱和国歌官方录音版本送交有关国家外交部门、有关国际组织，供外交活动或者国际体育赛事中使用。

（五）关于国歌的宣传教育

为了进一步加强国歌的宣传教育，培育公民的国家观念，草案规定：一是，国庆节、国际劳动节、元旦、春节和其他重要节日、纪念日，中央人民广播电台、中国国际广播电台和中央电视台按照规定时点播放国歌。二是，国歌列入全日制小学一年级音乐课教材。全日制中学、小学应当将国歌歌词和曲谱作为爱国主义教育的重要内容,组织学生学唱国歌。三是,新闻媒体应当积极开展对国歌的宣传,普及国歌奏唱礼仪知识。

（六）关于监督管理和法律责任

为了加强对国歌奏唱、播放、使用的监督管理,草案规定了地方各级人民政府及其有关部门对国歌奏唱、播放和使用的监督管理职责。同时,草案规定,在公共场合,恶意修改国歌歌词或者故意以歪曲、贬损方式奏唱国歌,损害国歌庄严形象的,由公安机关处以十五日以下拘留。

草案和以上说明是否妥当,请审议。

全国人民代表大会法律委员会关于《中华人民共和国国歌法（草案）》审议结果的报告

全国人民代表大会常务委员会：

常委会第二十八次会议对国歌法（草案）进行了初次审议。会后，法制工作委员会将草案印发各省（区、市）、中央有关部门、单位和部分高等院校、法学研究机构、基层立法联系点等征求意见，在中国人大网全文公布草案，征求社会公众意见。法律委员会、法制工作委员会联合召开座谈会，听取中央有关部门和专家学者的意见，赴上海、吉林和辽宁进行调研，并就有关问题专门听取了中央宣传部、国务院办公厅、外交部、教育部、国家新闻出版广电总局、国家体育总局意见。法律委员会于7月31日召开会议，根据常委会组成人员的审议意见和各方面意见，对草案进行了逐条审议。中央宣传部、国务院法制办公室的有关负责同志列席了会议。8月21日，法律委员会召开会议，再次进行审议。法律委员会认为，为了增强国歌奏唱的严肃性和规范性，维护国家尊严，提升公民的国家观念和爱国意识，制定本法是必要的，草案经过常委会审议修改，已经比较成熟。同时，提出以下主要修改意见：

一、关于奏唱国歌的场合。草案第四条对应当奏唱国歌的场合作了规定。有的常委会组成人员和部门提出，目前中国共产党和各民主党派、各人民团体的代表大会或者全体会议也奏唱国歌，建议在本法中作出规定。法律委员会经研究，建议在草案第四条中增加一项，规定："各政党、各人民团体的代表大会或者全体会议"，应当奏唱国歌。

草案第十条对不得奏唱、使用国歌的场合和情形作了规定。有的常委会组成人员和部门提出，"商业广告"不得使用国歌，公益广告是可以的。有的建议将不得奏唱、使用的情形集中规定。法律委员会经研究，建议将草案第十条修改为："国歌不得用于或者变相用于商标、商业广告，不得在私人丧事活动等不适宜的场合使用，不得作为公共场所的背景音乐等。"

此外，为鼓励和提倡公民和组织奏唱国歌，激发爱国主义热情，法律委员会经研究，建议增加一条，规定："国家鼓励公民和组织在适宜的场合奏唱国歌，表达爱国情感。"

二、关于奏唱国歌的礼仪。草案第六条对奏唱国歌的礼仪作了规定。有的常委会组成人员提出，升国旗、奏唱国歌的礼仪，在国旗法中已有规定，军队奏唱国歌的礼仪，本法已明确由中央军事委员会规定，本法可不作重复规定。法律委员会经研究，建议将草案第六条修改为："奏唱国歌时，在场人员应当肃立，举止庄重，不得有不尊重国歌的行为。"

三、关于国歌教育。草案第十一条对国歌的学校教育作了规定。有的常委会组成人员和部门提出，学校不仅应当教唱国歌，还应当将国歌作为爱国主义教育的重要内容，让学生了解国歌的历史和精神内涵。法律委员会经研究，建议将草案第十一条修改为："国歌列入中小学教材。""中小学应当将国歌作为爱国主义教育的重要内容，组织学生学唱国歌，教育学生了解国歌的历史和精神内涵、遵守国歌奏唱礼仪。"

四、关于法律责任。有的常委会组成人员和部门提出，对侮辱国歌的行为，应当根据违法行为情节的轻重，规定相应的法律责任，构成犯罪的，还应当承担刑事责任。法律委员会经研究，建议将草案第十四条修改为："在公共场合，恶意修改国歌歌词，以歪曲、贬损方式奏唱国歌，或者以其他方式侮辱国歌的，由公安机关处以警告或者十五日以下拘留；构成犯罪的，依法追究刑事责任。"

五、关于国歌词谱的版式。草案附件中所列国歌词谱是 1982 年五届全国人大五次会议决定恢复《义勇军进行曲》为国歌后，同年第 5 号《全国人民代表大会常务委员会公报》公布的。在征求意见过程中，一些音乐家提出，上述国歌词谱的版式采用了五线谱和简谱混排的方式，不符合目前通用的曲谱排版形式，为便于实际使用，满足不同方面需要，建议将五线谱版和简谱版分排并作为本法的附件。考虑到此项工作政治性、专业性强，经与中央宣传部沟通，由中央宣传部组织中国音乐家协会及部分音乐家对国歌的词谱以及排版形式进行了审定，审定意见提出，应改用五线谱和简谱分排的版式。草案二次审议稿已按上述意见，对附件中国歌词谱的版式作出调整。

还有一个问题需要汇报。根据香港特别行政区基本法和澳门特别行政区基本法的规定，国歌法属于涉及国家主权、应在特别行政区实施的全国性法律，需要在通过后适时列入两个基本法附件三，由特别行政区在当地公布或立法实施。经研究，建议在下一次常委会会议上提请审议将国歌法列入两个基本法附件三的决定草案。

此外，还对草案作了一些文字修改，对有关条文的排序作了调整。

8 月 3 日，法制工作委员会召开会议，邀请中央有关部门和部分专家学者就国歌法草案中主要制度规范的可行性、法律出台时机、法律实施的社会效果和可能出现的问题等作了评估。总的评价是：草案针对实际中国歌奏唱、使用存在的突出问题，重点对国歌奏唱场合和礼仪等作了规定，同时充分体现规范与引导并重的原则，积极鼓励广大人民群众奏唱国歌，表达爱国情感，已经比较全面、成熟，其主要制度规范是可行的，现在出台是必要的、适时的。这部法律的出台，对于培育和践行社会主义核心价值观，弘扬以爱国主义为核心的民族精神，具有重要意义。有的与会人员还对草案提出了一些具体修改意见，法律委员会、法制工作委员会进行了认真研究，对有的意见予以采纳。

草案二次审议稿已按上述意见作了修改，法律委员会建议提请本次常委会会议审议通过。

草案二次审议稿和以上报告是否妥当，请审议。

全国人民代表大会法律委员会

2017 年 8 月 28 日

全国人民代表大会法律委员会关于《中华人民共和国国歌法(草案二次审议稿)》修改意见的报告

全国人民代表大会常务委员会:

本次常委会会议于8月28日下午对国歌法(草案二次审议稿)进行了分组审议,普遍认为,草案已经比较成熟,建议进一步修改后,提请本次会议通过。同时,有些常委会组成人员还提出了一些修改意见。法律委员会于8月30日上午召开会议,逐条研究了常委会组成人员的审议意见,对草案进行了审议。国务院法制办公室的负责同志列席了会议。法律委员会认为,草案是可行的,同时,提出以下修改意见:

一、草案二次审议稿第四条第二项规定,“各政党、各人民团体的代表大会或者全体会议”应当奏唱国歌。有的常委会组成人员提出,各政党、各人民团体的全国或者地方代表大会等都应当奏唱国歌,建议在“代表大会”前增加“各级”。法律委员会经研究,建议将这一项修改为“各政党、各人民团体的各级代表大会等”。

二、草案二次审议稿第五条规定:“国家鼓励公民和组织在适宜的场合奏唱国歌,表达爱国情感。”有的常委会组成人员提出,“鼓励”的表述不够恰当,建议再斟酌。法律委员会经研究,建议将“鼓励”修改为“倡导”。

还有一个问题需要汇报。草案二次审议稿第十五条规定:“在公共场合,恶意修改国歌歌词,以歪曲、贬损方式奏唱国歌,或者以其他方式侮辱国歌的,由公安机关处以警告或者十五日以下拘留;构成犯罪的,依法追究刑事责任。”有的常委会组成人员提出,在网络上以及私人场合发现有侮辱国歌的行为,也应当追究其法律责任,建议删去“在公共场合”的表述。法律委员会经研究认为,草案二次审议稿中的“在公共场合”,指当众、公开的情境。不论是在现实的公共场所还是在互联网,都是通过公开传播的方式,当众公然侮辱国歌的行为,都构成了对国家尊严、公共秩序的损害,均应按照本法追究其法律责任。国旗法、国徽法和刑法对侮辱国旗、国徽的行为应当追究法律责任的规定,都要求是在“公共场合”或者“公众场合”实施的行为,考虑到本法应与上述法律规定相衔接,建议保留本条中“在公共场合”的规定。

此外,根据常委会组成人员的审议意见,还对草案二次审议稿作了个别文字修改和调整。

草案建议表决稿已按上述意见作了修改,法律委员会建议本次常委会会议通过。

草案建议表决稿和以上报告是否妥当,请审议。

全国人民代表大会法律委员会

2017 年 9 月 1 日

关于《中华人民共和国国徽法（修改草案）》的说明

——1990年12月20日在第七届全国人民代表大会常务委员会第十七次会议上

国务院法制局局长　孙琬钟

委员长、各位副委员长、各位委员：

我受国务院的委托，现就《中华人民共和国国徽法（修改草案）》（以下简称《草案》），作如下说明：

一、制定《草案》的必要性

现行国徽使用办法是1950年9月20日中央人民政府委员会第八次会议通过并颁布实施的。建国四十多年来，随着我国政治、经济和文化事业的发展，这个办法中规定的许多内容已不适应实际需要，如对使用国徽及其图案的范围规定得较窄，办法中列举的许多国家机构的名称已发生变化。另外，对国徽的制作、国徽的规格和对侮辱国徽者的处罚等许多重要内容，都未规定，从而造成了实际生活中国徽及其图案的使用情况比较混乱。近年来，一些人大代表曾多次建议，为了维护国徽的尊严，增强公民的国家观念，应尽快修改原国徽使用办法，完善国徽立法。因此，为了维护国徽的尊严，及时修改现行国徽使用办法，制定一部专门的国徽法，是十分必要的。

二、国徽悬挂的范围

关于国徽悬挂的范围，《草案》主要作了如下几点修改：第一，对国家机构悬挂国徽的规定进行了修改，现行办法中某些机构名称已发生变化的，进行了相应调整；对原有机构已撤销的则予删除；并且，根据宪法关于国家机构的规定，增加了各级人大常委会，中央军委和各级人民法院、人民检察院悬挂国徽。第二，《草案》增加规定了国徽悬挂的场所。规定天安门、人民大会堂、权力机关的会议厅、审判机关的法庭以及象征国家主权的边境口岸应悬挂国徽。

三、国徽图案的使用范围

关于国徽图案的使用范围，《草案》主要作了如下修改：第一，扩大了"印章"使用国徽图案的范围。现行办法中只规定了外交部及驻外各使领馆所用钢印、戳记中间雕刻国徽。从目前实际情况看，印章中雕刻国徽图案的情况较普遍，我们根据全国人大和国务院的有关规定，扩大到各级人大常委会，国务院及其各部委、各直属机构和办事机构，县级以上地方各级人民政府，中央军委，各级人民法院、专门人民法院和各级人民检察院、专门人民检察院印章使用国徽。第二，扩大了印刷品封面使用国徽图案的范围。现行办法中只规定了中央政府颁发的有关荣誉证件、外交文书以及政府领导人和外交部门有关领导人以职务名义对外使用的信封、信笺和请柬等封面上可以使用国徽。我们根据实际情况，增加了最高权力机关、最高行政机关和最高审判机关以及最高检察机关的公报封面，国家编辑出版的法律法规汇编正式版本的封面也可以使用国徽图案。《草案》规定，中华人民共和国主席、全国人民代表大会常务委员会委员长、国务院总理、中央军事委员会主席、最高人民法院院长和最高人民检察院检察长以职务名义对外使用的信封、信笺和请柬等上面加印国徽图案。第三,《草案》明确了在本法规定以外需要悬挂国徽或者使用国徽图案的由全国人民代表大会常务委员会办公厅或者国务院办公厅会同有关主管部门规定。由于外交活动中使用国徽的情况比较多,很难具体规定,《草案》规定,驻外使领馆和其他外交代表机构使用国徽和国徽图案的办法,由外交部制定,报国务院批准。

四、法律责任

现行办法中未对违反使用办法的情况作出相应的法律责任规定,为了维护国徽的尊严和使用国徽的严肃性,《草案》第十三条规定,在公众场合故意以焚烧、毁损、涂划、玷污、践踏等方式侮辱中华人民共和国国徽和国徽图案的,依法追究刑事责任;情节较轻的,由公安机关处以十五日以下拘留。

最后需要说明的,关于国徽图案及其制作方法,考虑到原中央人民政府委员会公布的国徽图案及其制作说明无需修改,还应按照这个国徽图案及其图案说明制作,因此,建议原国徽图案及其制作说明与本法一并公布。

我的说明完了,请审议。

全国人大法律委员会对《中华人民共和国国徽法（修改草案）》审议结果的报告

——1991年2月25日在第七届全国人民代表大会常务委员会第十八次会议上

全国人大法律委员会副主任委员　宋汝棼

全国人民代表大会常务委员会：

第七届全国人大常委会第十七次会议对国徽法草案进行了审议，法律委员会和法制工作委员会还将草案印发各省、自治区、直辖市和中央有关部门征求意见，并邀请中央有关部门开了两次座谈会。法律委员会于1991年1月29日、2月21日召开会议，根据委员们的审议意见和各方面的意见，审议了国徽法草案。法律委员会认为，为了维护国徽的尊严，正确使用国徽，制定这个法是必要的，草案基本上是可行的。同时，提出以下修改意见：

一、根据有些委员的意见，建议在草案第二条中增加一款，作为第二款："中华人民共和国国徽按照1950年中央人民政府委员会通过的《中华人民共和国国徽图案》和中央人民政府委员会办公厅公布的《中华人民共和国国徽图案制作说明》制作。"（修改稿第二条

第二款）

二、草案第五条第二项规定，“各级人民政府”应当悬挂国徽。有些委员提出，乡、镇人民政府现在没有悬挂国徽，有些乡、镇人民政府办公用房不具备悬挂国徽的条件，本法可以不规定乡、镇人民政府都要悬挂国徽。因此，建议将这一规定修改为“县级以上各级人民政府”应当悬挂国徽。（修改稿第四条第二项）

三、草案第五条中规定，“各省、自治区、直辖市人民政府单独地点办公的外事办公室”应当悬挂国徽。第六条中规定，“国际联运的铁路旅客列车”应当悬挂国徽。第七条中规定，“经国务院批准的可以使用国徽图案的各类证件、帽徽”、“人民币”、“与邻国共同树立的国界标志”、“参加正式国际比赛的体育代表团队入场服上衣”可以使用国徽图案。有些委员提出，国徽法规定应当悬挂国徽或者使用国徽图案的，主要是代表国家、象征国家权力的机关、场所，其他可以悬挂国徽及使用国徽图案的，本法可以不作具体规定。因此，建议删去上述规定，并将草案第九条修改为：“在本法规定的范围以外需要悬挂国徽或者使用国徽图案的，由全国人民代表大会常务委员会办公厅或者国务院办公厅会同有关主管部门规定。”（修改稿第九条）

此外，还对草案作了一些文字修改。

草案修改稿已按上述意见作了修改，法律委员会建议全国人大常委会审议通过。

修改稿和以上意见是否妥当，请审议。

全国人大法律委员会

1991 年 2 月 21 日

关于《中华人民共和国国徽法(草案)》(修改稿)修改意见的汇报

——1991 年 3 月 1 日在第七届全国人民代表大会常务委员会第十八次会议上

全国人大法律委员会副主任委员　宋汝棼

本次会议于 2 月 25 日、26 日对国徽法(草案修改稿)进行了分组审议。委员们认为,这个修改稿吸收了委员们的审议意见和各地方、各方面的意见,修改得比较好,同意这次会议予以通过。同时,也提出了一些修改意见。法律委员会于 2 月 27 日召开会议,逐条研究了委员们的意见,建议对修改稿作如下修改:

一、草案修改稿第四条规定,"县级以上各级人民政府"应当悬挂国徽。有些委员提出,本法应规定乡、镇人民政府应当悬挂国徽;有些委员认为,本法可以不规定乡、镇人民政府都应当悬挂国徽。法律委员会研究,乡、镇人民政府的具体条件很不相同,悬挂国徽的规定可以灵活一些,有条件的可以悬挂,没有条件的可以不悬挂。因此,建议在这一条中增加一款,作为第二款:"乡、民族乡、镇的人民政府可以悬挂国徽,具体办法由省、自治区、直辖市的人民政府根据实际情况规定。"

二、有的委员提出，草案修改稿第四条将“国家驻外使馆、领馆和其他外交代表机构”列为应当悬挂国徽的国家机关，这些驻外外交代表机构应当悬挂国徽，是不是国家机关需要再考虑。因此，建议将这一条中的“下列国家机关应当悬挂国徽”修改为“下列机构应当悬挂国徽”，并对草案修改稿第六条作相应的修改。

三、有的委员提出，草案修改稿第十条规定了不得使用国徽及其图案的三种情况，还可能有其他情况不宜使用。因此，建议在这一条中增加一项，作为第四项：“（四）国务院办公厅规定不得使用国徽及其图案的其他场合。”

此外，还对草案修改稿作了个别文字修改。

以上意见是否妥当，请审议。